心魔癮

內藤誼人

楓葉社

前言

「10秒掌握人心」，本書一如其名，闡述的是任何人都能明白易懂，瞬間可以隨心所欲操控人心的心理學知識。

或許你會懷疑，真的只需「10秒」，就可以「掌握人心」嗎？

但我可以斬釘截鐵地告訴你，只要掌握心理的操控原則，你不必是催眠大師，也不需要超能力，就能簡單操控他人。

事實上，你從出生到現在，早已不斷透過溝通來影響他人。透過委託或命令他人，或是讓對方理解你的主張，按照你的期望去行動。

這些都是心理學上所謂的「說服」。

你的「說服」，其中有些成功了，讓你如願影響他人，但也有些遭到對方抵抗或拒絕而失敗。

是的，你和其他人每天的日常溝通，就是為了讓對方理解自己的主張，而進行的一連串「說服」。

在此我想提出一個問題，你是否認為，當你「說服」他人時，只要花愈多時間，就能產生愈好的成果呢？

的確，有些時候就像「三顧茅廬」的名人軼事般，必須誠心待之以禮，表現出你的誠意，才能達到你的目的。

但本書所要介紹的心理學知識，則是著重於「在溝通最初的瞬間就大大影響人心的訣竅」。

只是最初的一句招呼。

只是時機恰當的一句話。
只是一個恰到好處的微笑。
只是看似不經意的一個動作。

看似微不足道的言行舉止，就決定你的「說服」是否能夠成功。

這個簡單的道理，任何人只要稍加思考就能明白。

想像一下搞笑藝人的劇目，當擔任裝傻角色者說出荒謬的話，扮演反駁角色者卻無法及時吐槽時，這個表演豈不是無趣到極點？

或是當你詢問家電賣場的店員，「這個新產品最大的魅力是什麼？」店員卻無法立即回答，而是支支吾吾地說：「呃……這個嘛……」，也可能會令顧客打消購買意願。

這些都不是當下字字斟酌，而是瞬間脫口而出的話語所成立的溝通。

因此，為了說服對方，希望能讓對方採取我們預期的行動時，必須在瞬間就說出適當的話語。

或許你看到這裡，內心不禁產生這樣的疑問——

「我無法像搞笑藝人反應那麼快。」

「我口才不佳，沒辦法做到在短時間內清楚表達想法。」

你無需擔憂，即使反應並不敏捷、沒有舌燦蓮花的口才，依然可以操控人心——例如，有時沉默不語，反而勝過千言萬語。

從心理學的觀點，這是可能的。只要瞭解言行舉止背後的心理動機，就能輕易在10秒內掌握人心。

又或是，如果瞭解本書的知識，至少可以防範那些試圖「操控」你的人。

經過以上說明，我想你應該理解本書以「10秒掌握人心」為書名的原因了。

我認為的心理學，就是研究溝通，把人際關係的祕密化為具體法則的學問。

許多人為人際關係苦惱，但我相信，若是能善用心理學的知識，許多問題都能迎刃而解。

無論是工作、私生活、戀愛或家庭關係等，若是能避免無謂的衝突，並獲致社會上的成功，我相信將會是無比的幸福。

也許有人聽到「操控他人」，會覺得有些反感。

但是本書想做到的是讓人們擺脫人際關係的煩惱，這是我寫作本書的初衷，也希望能在一開始就傳達給讀者。

期盼本書能為讀者解決人際關係的煩惱，貢獻一份心力。

內藤誼人

前言 3

第1章 透過交談操控人心

01 能否令人印象深刻的「某個差異」是什麼？ 16
02 應當「同時提出多項請求」而不是單一請求 19
03 說服不需要證據 22
04 「宏亮而低沉的聲音」自然能受到信任 25
05 煽動恐懼心理，就能輕易操控他人 29
06 讓對方具體想像你企圖表達的內容 33
07 人們正在「笑」的時候，無法理性思考 36
08 改寫記憶的對話技巧 39
洞悉人類心理 以充滿朝氣的聲音與人交談吧！ 42

第2章 透過提問操控人心

09 不是命令而是「確認」 46
10 獲得期望答案的提問技巧 49
11 讓對方主動道歉的驚人提問？ 53
12 想瞭解確切的行程時，就詢問「最糟的情況」 56
13 透過「他人觀點」，問出真心話 60
14 只需稱呼名字就能博得好感？ 64
15 愈遙遠的未來話題接受度愈高？ 67
16 絕對要避免的提問禁忌 70
洞悉人類心理 注意禁忌用詞！ 73

第3章 利用沉默操控人心

17 只需「聆聽」，就能讓對方接受你的要求 76

18 配合對方呼吸的超強「同步」效應 79
19 利用對於沉默的「畏懼」 82
20 最厲害的說服技巧是「試試看」 86
21 「眼不見心不煩」在科學上也是正確的 89
22 魔法的一句話「的確如此」 92
23 萬用的殺手鐧「唯獨你有」 95
24 終極的沉默技巧 98
洞悉人類心理 無敵的一句話「謝謝你」 101

第4章 以心理法則操控人心

25 談判、說服要「先下手為強」 104
26 提出「不合理的要求」而實現原本的期望 107
27 重複小小的請求，讓對方接受較大的請求 110
28 讓對方認為「如果只是一點……」的技巧 113

29 故意向對方「示弱」，引起對方同情 116
30 人們會對示好的人產生好感 120
31 如何利用人們想要回應信任的本能？ 123
32 荒謬的理由也能打動人心 127
33 男性無法拒絕「鼓勵」；女性無法拒絕「請求」 130
洞悉人類心理 「難以理解」反而更有利？ 133

第5章 以暗示操控人心

34 為什麼占卜師能猜中個性？ 136
35 對於同一天生日的人能卸下心防 140
36 以「拒絕」提高你的價值 144
37 給予罪惡感的運用 147
38 以「限定數量」施加魔法 150
39 讚美是最強大的暗示 153

40 故意示弱來操控對方 156
41 瞬間讓人幸福的壓箱寶技巧 159
洞悉人類心理 想說服他人就訴求五感吧！ 162

第6章 以權威操控人心

42 「一開始」就樹立權威 166
43 借用「第三者的話語」建立權威 169
44 可以無限建立權威的「前提」驚人成效 172
45 人們果然還是「外表」占九成？ 175
46 最強大的藉口是「我無法掌控」 178
47 只要說「大家一起做吧！」大家就會動起來 181
48 讓對方認為「激怒這個人後果不堪設想」 184
洞悉人類心理 試著以「多數派」的意見來闡述 187

第7章 以動作操控人心

49 模仿對方動作的驚人效果 190
50 直盯著對方，讓對方無法行動 194
51 笑容能吸引人靠近 197
52 談判、說服的成果取決於「參與人數」 200
53 一說謊，「眨眼」的次數就會變多 203
54 剛開始附和不要太多，慢慢增加次數 206
洞悉人類心理 想讓對方選擇的東西放在中央 210

第8章 以迂迴方式操控人心

55 訊息透過第三者傳播更有效 212

56 為什麼會相信謠言呢？ 215
57 信用卡標誌潛藏的「某個祕密」 218
58 告訴對方「忘了我吧」，反而忘不了 221
59 花費時間操控他人的方法 224
60 拉攏想拜託的對象「親近的人」成為友軍 227
61 光是注視著就被操控了？ 231
62 談到戀愛話題，人們就變溫柔了 234

結語 238
參考文獻 245

第1章 透過交談操控人心

「操控他人」是一種傲慢的行為嗎？

或許是吧。然而，我們卻常常不自覺地試圖影響他人。

事實上，人心比我們想像中更容易受到影響。

只是觀賞一部電影、欣賞一幅畫作、閱讀一本書籍，

都能輕易地觸動我們的心弦。

而其中最具力量的，莫過於「言語」，

也就是我們與他人的「交談」。

心理術

01

能否令人印象深刻的「某個差異」是什麼？

有時候，儘管你很想傳達給對方某些訊息，卻經常遭到對方忽略而置若罔聞。尤其是當對方忙碌時，雖然他們回答：「好，我知道了，以後再說。」但卻在下一刻，就把你說的事拋到腦後。

即使是這樣一再冷落你的人，只要你不斷提出請求，就算對方嘴上抱怨「真是煩人的傢伙」，但他們確實會因此記住你。

換句話說，約會只受到一次拒絕就放棄實在太早。如果只邀約一次，說不定對方連你曾提出邀請都忘了。

倘若被拒絕一次，你不必氣餒，試著邀對方第二次、第三次。在你不厭其煩提出邀約時，對方就能確實記住你。

只要留下記憶，對方心裡至少對你這個人有印象，也就有機會打動對方。

不厭其煩地反覆去做

讓我在這裡提出心理學的實驗來佐證。

美國俄亥俄州立大學的李・麥卡羅（McCullough,J.Lee）博士運用虛構的刮鬍保養乳液廣告，實驗重複效果與遺忘的關係。

結果，看過五次廣告的人比只看一次的人記憶更深刻。

也就是說，無論是刻意或非刻意，人類的記憶能透過重複而強化。即使煩人也沒關係，不妨一再地重複強化記憶。

當對方心中留下這樣的記憶，你就成功了。因為這些記憶正是你說服對方的第一步。

刷存在感是以「量」決勝負

心理術

02

應當「同時提出多項請求」而不是單一請求

既然重複是以「量」取勝，也就意味著提出主張的「數量」要多。

先說結論，多提出一些主張比只提出單一主張，更容易說服他人。

我先從一個實驗數據開始介紹。

美國伊利諾大學巴比．凱德（Bobby Calder）博士對於「數量」的重要性，曾進行一個模擬裁判的實驗。結果，檢方提出單一論點時，判定有罪的分數，9分滿分占了3．09分；而提出四個論點時，判定有罪的分數升高到4．77分；當提出七個論點時，則為4．97分。

換句話說，成為爭議的論點愈多，依照檢方主張而判定有罪的機率愈高。

從這個例子就可以得知，對他人提出請求時，提出多項請求較為有利。

提出任何所想到的要求

比方說，當你搭飛機時，若是希望擁有舒適的旅程，最好在劃位時提出任何想到的要求。

「最好能靠近緊急出口。」

「遠離兒童的座位。」

「能夠安靜睡覺的位置。」

當然，我們無法得知要求能否完全被滿足，也許只有一個要求會被滿足，但也有可能全部要求都被接受。

但有一件事絕對可以確定，「如果沒有提出任何要求，被安排到不喜歡的座位機率較高」。

以公司的企畫案為例，只提出自信十足的一個A案，並非聰明的做法。不論你多有自信，也不保證絕對會被採納。

不要只準備A案，也要準備其他的B案、C案。這麼一來，你的企畫案被採納的機率應當會大幅提高。

先搶先贏！先提請求者為勝

心理術

03

說服不需要證據

近年來國小、國中的老師似乎失去了自信，這個現象時有所聞。

可能是基於許多原因，學生根本不理會老師說的話，或是擔心怪獸家長動不動就向學校抗議等。

但我認為，正因為學校老師在教學時缺乏自信，學生才會不聽從教導，以致老師更加沒有自信。

當你想告訴別人某些事或試圖說服別人時，如果對自己沒有自信，對方也會感受到你的沒自信。

「要是我責備他，孩子的父母可能會來抱怨」、「這些要求他們本來就不會聽」、「如果強硬去做，可能會被討厭」，一旦內心有這些想法，心情必然表露無遺。

相反的，要是能充滿自信，表現出胸有成竹的態度來提出主張，就能打動對方，更容易成功說服。

「大概」、「說不定」是禁忌詞

美國史丹佛大學的烏瑪・卡瑪卡博士（Uma R. Karmarkar），曾進行過一項實驗。他讓105名大學生讀一篇評論某家義大利餐廳的文章。

他他把同一篇文章分成以「充滿自信的評論」，另一篇則否的形式，分別讓不同的實驗對象閱讀，結果可想而知。當然是閱讀「充滿自信的評論」這一組被打動的人更多。

因此，如果想說服他人，就絕對不能流露出缺乏自信的模樣。在表達時使用「大概」、「說不定」這類詞彙，無法打動對方。

即使無憑無據也沒關係，只需有一些看似理由的內容就夠了。只要你態度堅定而充滿自信，泰然自若地提出你的主張，就能打動人心。

自信比證據更重要

心理術 04

「宏亮而低沉的聲音」自然能受到信任

說話聲音太小而含糊不清的人，總令人覺得難以信任。這應該是許多人的共同心聲。相對的，愈有自信的人，聲音愈宏亮。

然而，這個因果關係其實相反。並不是因為有自信的人講話大聲，而是因為聲音大而提高了自信，看起來胸有成足。

讓我介紹美國麻州布蘭戴斯大學的心理學家珍妮特・羅賓遜（Janet L. Robinson）所做的一項實驗。

她錄下兩位男士的對話，讓實驗對象聆聽，受測者聆聽的錄音帶音量分別為70

分貝與75分貝。順便一提，人類的耳朵幾乎無法區別只有5分貝的音量差距。

這個實驗結果十分令人驚訝，聆聽75分貝的實驗者，認為他們聆聽的內容「更有邏輯且具有說服力」。

這證明了只需稍微提高說話音量，就能增加說服力，更有效打動對方。我並不是要你把音量提高到一倍，只需增加兩成左右就好了，說話時音量請盡量比以前更大一些。

讓自己看起來像重要人物的小祕訣

當你說話聲音變得更宏亮時，接著要做的是盡可能讓聲音更沉穩。參考左圖的實驗結果就可以清楚得知，當說話的聲調愈低，所說的內容愈沉穩愈有說服力。

另外，在這個實驗中顯示，聲調變高時，無法令人產生信賴感，難以產生共

聲調愈低信賴感愈高

實驗內容

美國哥倫比亞大學的心理學家威廉・艾普（William Apple）以40名男學生為對象，調查「聲音高低對人產生的印象有何變化」。
將探討社會議題的同一篇文章的錄音帶，分別以機械式的「低沉的聲音」、「普通的聲音」、「高亢的聲音」三種版本呈現，讓學生聆聽。

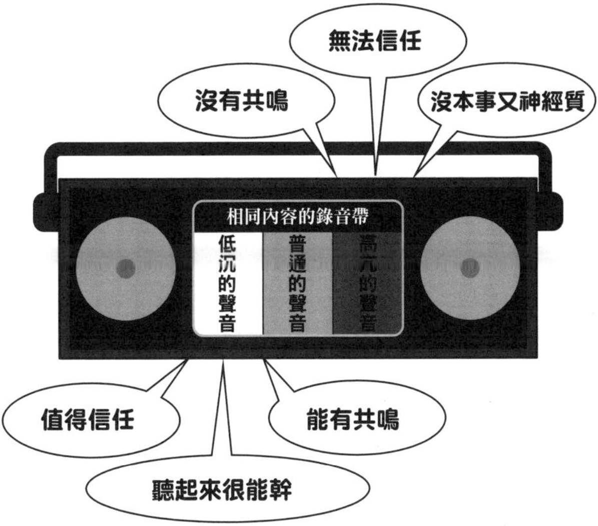

結 果

聲調愈低愈提升信任感，聲音太高亢會失去他人的信任，難以令人產生共鳴，讓人覺得沒本事又神經質。

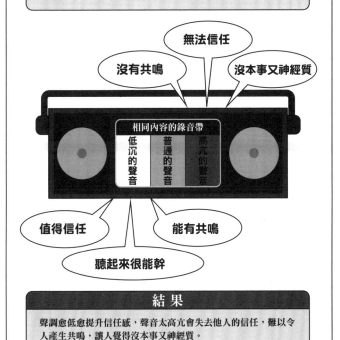

鳴，容易讓人有無能、神經質等印象。

企圖說服他人時聲音要宏亮，並注意讓聲音更低沉。這就是讓自己看起來冷靜沉穩、更有分量的祕訣。

在別人面前說話要宏亮而低沉

心理術
05

煽動恐懼心理，就能輕易操控他人

假設你曾經嘗試戒菸卻一再失敗。你也曾試過嚼食尼古丁口香糖或貼片等尼古丁取代療法，卻都沒有效果，你打算放棄，再也不想嘗試戒菸。

然而，這時醫生卻對你說：「你再不戒菸，命就沒了！」你會怎麼做呢？至少會比「要是戒菸能活得更久」這類積極的話語，更令你感到恐懼。言語所形成的影響就是如此截然不同。

心理學中，把前者般的消極表現稱為「負面框架」（Negative Frame），而像後者的積極則稱為「正面框架」（positive framing）。

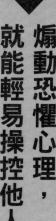

此外，若是只考慮說服的效果，明顯的是負面框架效果較高。只需稍微改變言詞的描述，就能讓說服效果大幅提升。

「會遭受損失」比「將會獲利」更有效果

美國賓州比蘭德學院的心理學家瑪麗・蘋托（Mary Pinto）曾經針對全美最受歡迎的24份雜誌（《富比士》、《新聞週刊》、《時尚》等）上刊載的三千則以上的廣告進行分析。

分析結果發現，在廣告上宣傳商品使用最多的手法是「煽動恐懼」，占了43％。

簡單說，就是以「再這樣下去會變胖！」「會生病！」「不受異性青睞！」等負面訊息，煽動讀者的恐懼。

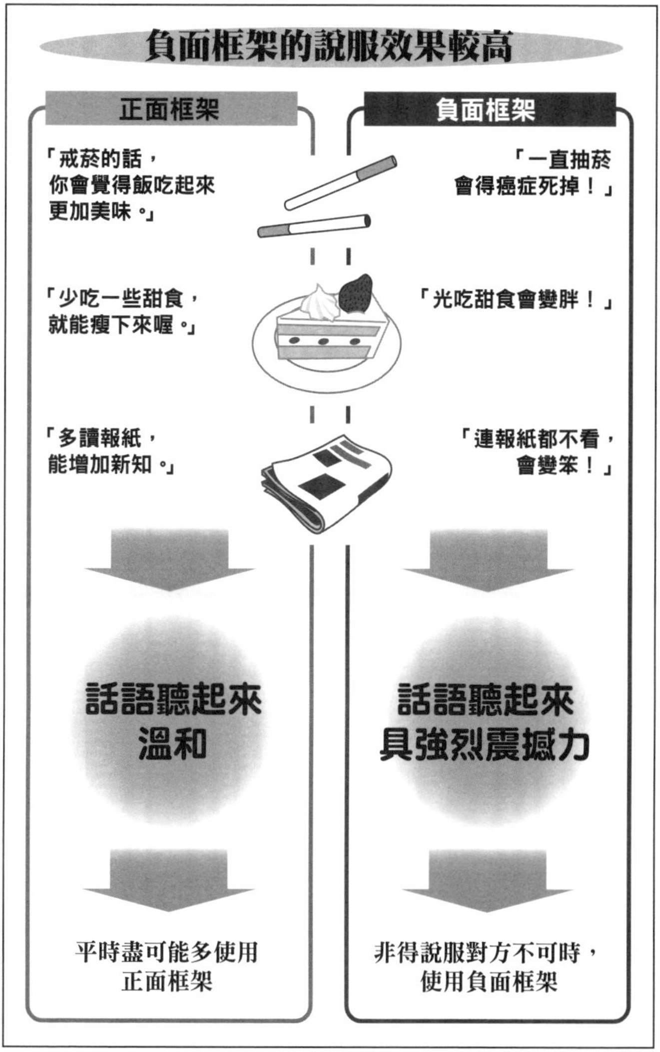
負面框架的說服效果較高
正面框架
負面框架
「戒菸的話，
你會覺得飯吃起來
更加美味。」
「一直抽菸
會得癌症死掉！」
「少吃一些甜食，
就能瘦下來喔。」
「光吃甜食會變胖！」
「多讀報紙，
能增加新知。」
「連報紙都不看，
會變笨！」
話語聽起來
溫和
話語聽起來
具強烈震撼力
平時盡可能多使用
正面框架
非得說服對方不可時，
使用負面框架

在廣告業界充滿這麼多使用負面框架的手法，足以證明製造人們恐懼的心理，對於說服產生的效果。

負面框架說服效果更佳

心理術
06

讓對方具體想像你企圖表達的內容

在說服他人時，如果對方無法想像內容，你想表達的訊息就難以讓對方理解，以致徒勞無功，換句話說就是無法說服對方。

例如妻子心想寢室的床差不多該換新的了，當她想說服丈夫時，該怎麼說明才好呢？

「據說是基於人體工學而設計」、「有雙層床墊喔！」

這樣的說明內容，丈夫很難具體想像。

「大量彈簧支撐身體，就像躺在雲上，對腰部比較沒負擔。」

「因為雙層床墊就像羽絨被一樣會陷下去。」

「睡覺似乎會變得更開心呢！」

如果這麼說明，丈夫腦海裡能一一浮現具體印象，應該就會開心地同意購買不是嗎？

只需具體想像，就提高了及格率

澳洲的新南威爾斯洲大學葛拉漢・庫珀教授（Dr. Graham Cooper）曾有一項實驗報告。

博士以國中生為實驗對象，讓他們學習第一次接觸的 Excel（試算表軟體）的操作順序。

他把學生分為單純學習順序的一組，以及「讓他們邊想像順序邊學習」的一組，而後透過考試，調查他們的嫻熟度。

結果，前者的平均解答時間為403秒，及格率為87．5％；相對的，「讓他們邊想像順序邊學習」的一組，平均解答時間為250秒，及格率高達95．5％。

換句話說，讓他們邊想像邊學習的學生，不但解答速度較快，正確率也更高。所做的事情完全一樣，差異只在有沒有在腦中想像，結果就有如此大的差異。眼前明明沒有看到實際物體，只是有沒有想像，說服效果便截然不同。

無法想像，效果減半

心理術

07

人們正在「笑」的時候，無法理性思考

笑是對話的潤滑劑。

這裡所說的潤滑劑，不是單純為了讓談話順利進行。而是因為笑也是「打開對方心防」的潤滑劑。

比方說，要是和一個上門賣古董壺的推銷員說話，多數人都會緊張地保持戒心。但是，如果因為推銷員妙語如珠而笑出來，那就完了。

你的警戒和緊張因而消失，也會敞開心門，上當買下高價壺。

笑能鬆弛警戒

以下介紹幽默感能引起他人關注的調查數據。

荷蘭拉德堡德大學的瑪德琳・史崔克（Madelijn Strick）博士以91名大學生為實驗對象，讓他們觀看虛構的營養飲料廣告。

廣告分為只有列舉功能的普通廣告，以及一個附有幽默漫畫的廣告。觀看後調查他們的印象，結果運用幽默漫畫的廣告更有效打動觀眾，提高他們的購買意願。

史崔克博士指出，在當事人未察覺受到影響的情況下，能以幽默有效說服。換言之，幽默具有解除警戒和理性判斷，直接打動人心的力量。

幽默和歡笑能帶給我們愉悅的心情，因此我們往往會對那些讓我們感受到這種愉悅的人產生好感。

原本毫無興趣的壺，卻因為推銷員的三寸不爛之舌，讓笑逐顏開的你，無法下逐客令。

談話內容多加入一些幽默感

心理術 08

改寫記憶的對話技巧

人們對自己的記憶通常懷著絕對自信。但其實再也沒有比人類的記憶更不可靠的事物。我所指的並不是健忘或只是一時想不起來的情況。人的記憶，不僅會遺忘，更遭糕的是還脆弱到輕易遭到他人竄改。

美國肯特州立大學的扎拉戈薩（Zaragoza）教授，進行了一個令人玩味，有關記憶捏造的實驗。

他先讓255名大學生觀看五分鐘的搶劫錄影畫面。

播放完畢後，他詢問一些有關錄影內容的問題，但這時他加入了一些錄影畫面並未出現的資訊，混淆觀看者的記憶。

比方說，明明犯人沒有戴手套，他卻說「戴著手套的犯人……」；又或者是根本沒有出現小狗，他卻說「有一隻狂吠的小狗……」等等，故意加入暗示。

根據扎拉戈薩教授的實驗，以「小狗」的錯誤暗示來說，暗示三次的情況，比只暗示一次，產生記憶扭曲的狀況，更超出六倍。

把「既定事項」列為前提，說的彷彿真有其事

這種竄改記憶的方法，在日常商務場合也能發揮作用。

例如向生意對象說，「您曾說過今天簽約……」、「有關A計畫的申請……」像這樣把既定事項作為前提來與對方交涉。

或許在對方心中會產生疑惑：「咦？我有這麼說過嗎？」但話題依然有可能順利推進到簽約的階段。

泰然自若地說出口，就有可能竄改記憶

以充滿朝氣的聲音與人交談吧！

別人跟我們說話時，如果聲音充滿活力，就會令我們感到開心。反過來說，要是聽到對方的聲音有氣無力，我們的心情也會跟著變得不愉快。

美國哥倫比亞大學的托里・希金斯（Edward Tory Higgins）博士，曾進行一項實驗，他讓75名大學生玩電動遊戲，並將他們分為兩組。一組以開朗的聲音為他們打氣，「真厲害！誰要是玩出高分，我就送他波卡洋芋片！」另外一組則是以沉穩的聲音為他們打氣。

實驗結束後，在自由活動時間，觀察學生是否會繼續玩同一個遊戲。

結果顯示，以開朗的聲音被鼓勵的小組有70・7％的人繼續玩；但以沉穩聲音激勵他們的小組，則只有44・1％。

也就是說，以開朗的聲音鼓勵，能讓參與者在遊戲中更開心，更希望延續這樣的感受。

因此，尤其是在鼓勵他人或安慰他人時，努力讓你的聲音更充滿朝氣！這麼一來，對方就能確實地收到你想傳達的訊息。

至於什麼是有朝氣的聲音，想像一下「充滿活力的孩子跳起來發出的聲音」就對了！

第2章 透過提問操控人心

一提到說服，似乎會令人聯想到強人所難而咄咄逼人的印象。

因此我換個角度，介紹站在「被動立場」的方法吧！

那就是「提問」。

光靠提問技巧，就可以改變對方的言詞、操控人心。

而且因為是採取被動，所以完全不必擔心對方察覺而警戒。

心理術

09

不是命令而是「確認」

「近年來的年輕人，稍微講他兩句就垂頭喪氣。只是大聲罵一下，就被說是職權騷擾。而且還若無其事的遞出辭呈……」

無論在哪個時代，上司總是會為了與年輕部下的溝通而煩惱。

因此，提供一個不論對哪個世代都有效的心理溝通術。就是以「確認法」，透過提問的方式，實際上達成操控對方心理的技巧。

換句話說，想要求對方做某件事時，不是「命令」，而是改為「確認」。

舉例來說，若是想要求「那份報告最慢明天以前一定要完成」，就改為確認內容的提問方式，例如「那份報告最慢明天可以完成嗎？」

只需調整一下用字遣詞

再舉幾個其他的例子。

X命令「這種小事，快點做完！」
○確認「如果由你來處理這件事，應該能立刻完成？」
X命令「今天晚上務必把這個完成！」
○確認「今晚應該能把這個完成吧？」

X命令「你給我去道歉！」

〇確認「是不是去道個歉比較好？」

像這樣改變一下用字遣詞，就能給人溫和的印象，更容易說服對方。換句話說就是轉換成提問的形式，讓對方覺得選擇權是在自己身上，沒有被強迫的感受。

不過，若是太過囉唆地再三確認，會讓人覺得「真是囉哩囉唆的上司」，所以務必注意。

只改成問句就能改變結果

心理術 10

獲得期望答案的提問技巧

「誘導詢問」是提問者透過誘導的方式，獲得期望內容的答案，藉以取得供述。

在法庭中甚至禁止對證人使用誘導詢問，可見這個技巧的效果有多強烈，雖然我們不能用在犯罪，但實際上這是一個任何人都做得到的手法。

美國賓州費城的烏爾辛納斯學院（Ursinus College）嘉布麗葉・普林賽普（Gabrielle Principe）教授，曾經以175名為對象，先告訴他們一個故事，然後聲稱為了考驗他們的記憶而針對內容提問。

然而他卻故意提出違反事實的問題。

舉例來說，他的故事中並未提到「兔子吃了紅蘿蔔」，但提問者卻明知故問：「兔子吃了什麼呢？是紅蘿蔔？還是生菜葉？」

結果高達90％的人回答吃了紅蘿蔔或生菜葉，只有10％的人正確回答出「兔子什麼都沒吃」。

換句話說，對方的反應，很可能因為提問者的提問方式而產生某種扭曲事實的狀況。

「措辭效應」

事實上，這種誘導性提問在心理學中被稱為「措辭效應」（wording effect），在心理學實驗中嚴格禁用這種方式，因為它很容易得出偏頗的研究結果。

不過，在工作或私領域應用則毫無問題。

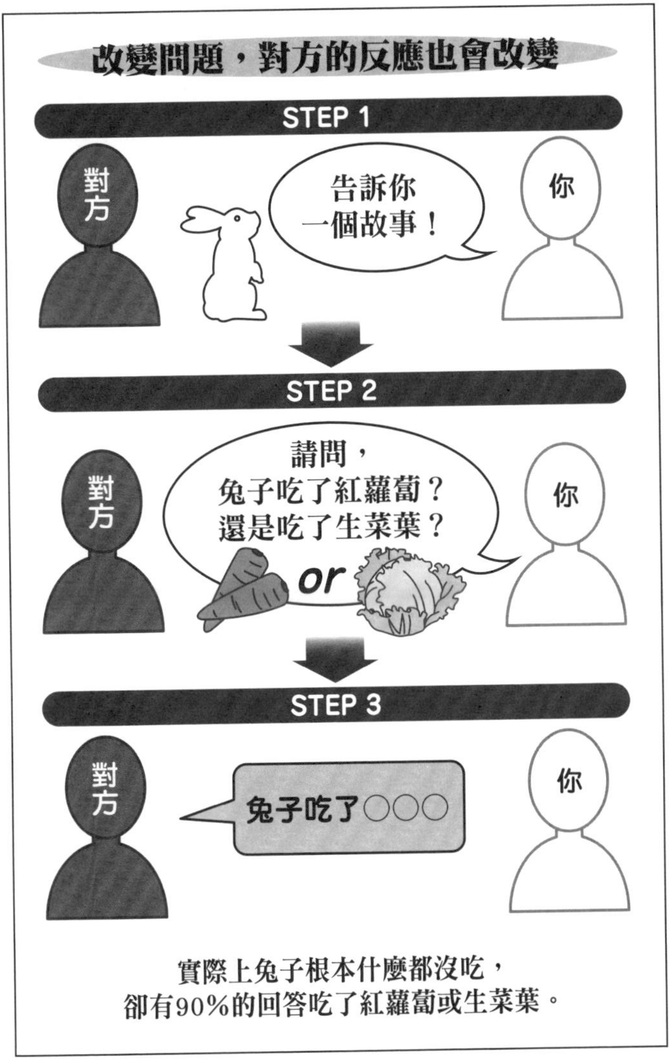
改變問題，對方的反應也會改變
STEP 1
對方
告訴你
一個故事！
你
STEP 2
對方
請問，
兔子吃了紅蘿蔔？
還是吃了生菜葉？
or
你
STEP 3
對方
兔子吃了○○○
你
實際上兔子根本什麼都沒吃，
卻有90%的回答吃了紅蘿蔔或生菜葉。

例如當你詢問「大家都贊成這個企畫案，你覺得如何？」，對方有很高的機率應該也會表示贊成吧？要讓對方加入我方陣營，運用巧妙的提問誘導是一大關鍵。

對方的反應會因你的提問而改變

心理術 11

讓對方主動道歉的驚人提問？

為什麼會發生冤獄？為什麼會說出對自己不利的謊言？

讓我來介紹美國心理學家Ｓ・卡辛（S.Kassin）博士的實驗。

博士要求實驗對象在電腦上以一定速度依指示打字。不過，他事先強調：「按下 Alt 鍵會刪除所有數據，所以務必小心避免按到。」

然而，作業開始一段時間後，電腦突然當機。這是瞞著實驗對象預先設定的程式，實驗對象並不知情。他們明明沒有按到 Alt 鍵，電腦卻突然中斷，使他們相當驚慌失措。

這時，博士佯作驚訝地跑過來問道：「是你按了 Alt 鍵嗎？」「會不會是你不小心碰到了？」面對這樣的質問，實驗對象究竟是什麼反應呢？

即使沒有犯錯，人們也會道歉

令人驚訝的是，竟然有高達69％的人承認「是我按的」，儘管他們根本沒有這樣的記憶。

更有甚者，當被問及是如何按到的時候，他們甚至編造出虛假的記憶，像是「可能是這樣吧？也許是小指不小心碰到了……」

這意味著，當人們被他人強行指責莫須有的錯誤時，為了逃避壓力，他們會輕易承認自己的過失。

舉個例子，如果你的下屬因為你的通知失誤而開會遲到，你沒有坦率地道歉，還反過來責備他「我兩天前就通知你了！你沒檢查郵件嗎？」結果會如何呢？

可憐的下屬，很可能因此承認是自己的錯。

人們會輕易承認自己的失誤

心理術
12
想瞭解確切的行程時，就詢問「最糟的情況」

不論是有意或無意，我們總會在不自覺中虛榮愛面子。

例如當你問公司的晚輩：「這次簡報需要的資料，明天以前可以完成嗎？」幾乎所有的人都會回答：「可以！」

但實際上對方卻未必能在隔天完成。

加拿大西門菲莎大學的心理學家理查．比勒（Richard Barry）曾以37名大學生為對象，進行以下的實驗。

他先出了一個論文題目，接著要求大學生預估撰寫畢業論文所需的天數，大學生估計的天數平均為33．9天。

接著，他又假設「接二連三發生的最糟情況，並問學生當這些狀況發生時，他們需要幾天」，結果得到的平均天數為48．6天。

然而，實際上學生完成論文的平均天數是55．5天。

大學生愛面子，以為「我應該只需要這一點時間就能辦到」，但他們太小看論文了。

杜絕天真預估的提問訣竅

人類就是容易高估自己的動物。從比勒博士的實驗，就連已經要求學生預估可能發生最糟的情況，從實際完成天數來看，依然過度高估了。

因此，若是要預估更接近現實的狀況，先假設發生最糟的狀況來評估，就能避

想問出正確資訊時

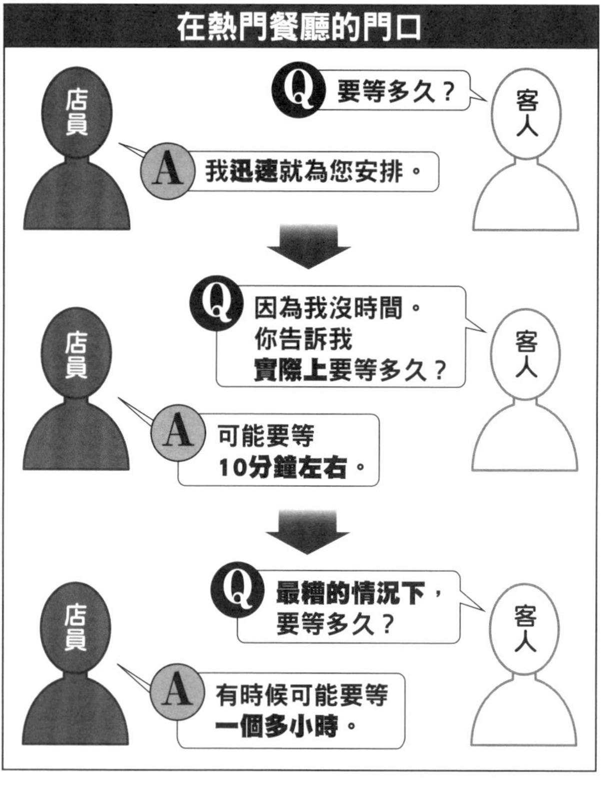

你的提問方式不同，就有可能得到不同的答案。
若是讓對方先預估「最壞的情況」發生時，
就能問出最接近真實的預估時間。

免估算失誤過大。

若是希望向對方問出正確的資訊，最好要問對方「最糟情況下，必須花多少時間」。

尤其工作上的交貨期限或報價等，用這個方法先問出「最糟情況」，之後才能避免節外生枝時所產生的混亂。

先預估最糟狀況才實際

心理術 13

透過「他人觀點」，問出真心話

你是屬於即使面對第一次見面的人也能毫無畏懼，侃侃而談自己想法意見的開朗型？

又或是如果不太瞭解對方，就無法表明自己意見的慎重型？

美國拉文大學的N・布伊（N. H. Bui）教授的研究，人類是一種十分在意「他人眼光」的動物，因此我們才會很難表示自己真正的意見。

這在心理學上稱為「對評價的恐懼」。

在對彼此都還不太熟悉之際，輕率的一句話惹惱對方，或是說了誰的壞話而使得他人對你的評價下滑，將成為極大致命傷，因為這樣的負面印象很難消除。

為了避免對方產生這樣的負面評價，為了自我防衛，我們對於說出真心話極為慎重。

涉及隱私的問題也能如願得到回答

尤其是涉及隱私的問題，通常我們不會說實話。例如要是對方問你：「你喜歡性愛嗎？」恐怕沒有人會坦白回答吧？有人甚至可能會生氣地斥責提問者，「太失禮了！」

但是，如果對方是問：「你認為多數的人喜歡性愛嗎？」多數人應該願意回答。

換句話說，不要詢問「你的事」，詢問「他人的事」就容易得到回答。

不要詢問「你很正直嗎？」而是詢問「你認為多數人很正直嗎？或是「你認

認為事不關己時，就容易打開話匣子

開門見山的詢問

嗯……
她人很好。
你認為
A小姐人很好嗎？
對方
A小姐
你

投射在他人身上，挖掘出對方的真心話

嗯……大家對她的
評價不太好。
大家認為
A小姐人很好嗎？
對方
A小姐
你

內心的想法表露無疑！

換個說法，以「周遭」、「一般人」、
「其他人」的方式來詢問，
就容易聽到真心話。

為一般人很正直嗎？」

這麼一來，因為並非涉及個人的事情，就會放心地回答。而且，在表達對於他人事情的看法時，也會確實在其中投射自己的意見。

真心話會投射在表達他人事的意見中

心理術
14
只需稱呼名字就能博得好感？

人總是喜歡別人叫自己的名字。

因此，當你有問題想詢問對方時，盡可能喊對方的名字。提問能讓人有好感的人、擅長拜託他人的人，都不會忘記自然而然地在提問時加上對方的名字。

當你到居酒屋、美容院時，如果店家叫出你的名字，你必然很高興，因為這會令人覺得店家把你視作常客、貴客。

或者在公司裡，比起上司交辦你做事時，喊著「喂，這個幫我做一下！」如果主管能夠叫你的名字，「○○，這個幫我做一下！」想必會令人更樂意工作。

心理學中把這樣的心理現象稱為「社會性酬賞」（Social Reward）。因為稱呼對方名字的行為，等於是給予「我認同你」、「認可你的價值」而給予的「報酬（贈禮）」行為。

只是稱呼名字就改變了餅乾的購買率

美國德州南衛理公會大學的丹尼爾・霍華德（Daniel Howard）博士，對於名字的效果，曾報告以下的實驗結果。

他先讓全體學生進行自我介紹，接著告訴這些實驗對象還有其他事情要說，把他們個別叫到房間，以下列三項設定條件進行談話。

①叫出他們的名字

②在叫他們的名字前說道：「抱歉，我忘了你叫什麼名字。可以再告訴我一次

嗎？」

③完全不叫名字

接著霍華德博士問他們要不要買手上的餅乾。結果買餅乾的學生①為90％，②為60％，③則是50％。

換句話說，被叫名字的學生因為很高興，並未察覺是「社會性酬賞」的攏絡對策，而輕易地掏錢購買。

提問時必定要喊對方的名字

心理術 15

愈遙遠的未來話題接受度愈高？

當你還是小學生時，你對於自己的未來有什麼樣的想像？

當一個太空人？偶像歌手？職業足球選手？還是跟億萬富翁結婚？

不論你是什麼樣的夢想，當你到了高中、大學，變得愈來愈現實以後，你的夢想有什麼樣的改變化呢？

是不是兒時的夢想就此束之高閣，讓它成為永遠遙不可及的夢想，只留下現實的選項呢？

人類對於遙遠的未來，願意相信更多可能性而成為夢想家，對於較近期的事情，則傾向合理現實的判斷而減少可能的選項。

對於遙遠未來的內容難以開口拒絕

介紹一個令人玩味的實驗數據。這是根據美國南加州大學古爾登・烏爾庫門（Gulden Ulkumen）副教授提出的報告。

副教授先將學生分為兩組，他問第一組的學生，「下個月一星期內，你會在餐飲及娛樂上花多少錢？」得到的答案是平均430美元。

但是，當詢問另一組的學生，「明年的某個一星期內，你會在餐飲及娛樂上花多少錢？」得到的答案增加為平均607美元。

換句話說，近期的未來較為具體現實，而遙遠的未來較不容易感受到真實性。

因此，當你要求沒通過時，不妨先暫時撤回你的要求，稍微延期。這麼一來，把對方可能接受的選項往後延，也許會有部分要求被接受。

日本政府提高消費稅的爭議，若是提出「並非今年而是幾年後才提高稅率」，或許同意的人就會增加了。

把要求延後也是一種技巧

心理術 16

絕對要避免的提問禁忌

有句話說「敞開胸襟說亮話」，顧名思義，就是解開衣襟（鬆開心靈的領帶），意思是開誠布公，毫無隱瞞地說出真心話。

但是，你當然絕對不能毫無預警地抓住對方，強行解開他們的領帶。那只是粗暴蠻橫的行為，如果對方是異性，更是不折不扣的性騷擾。

美國密西根州立大學心理學家卡爾曼・卡普蘭（Kalman Kaplan）曾針對「個人隱私的提問」帶給人們心理的影響，進行如下的實驗。

他對被實驗者採取模擬面試，在面試之際，分為混入個人隱私的問題，以及只有一般性提問。

順便一提，其中的個人隱私問題包括「你會做有關性愛的夢嗎？」「初體驗的年齡」、「對父母曾說過的最嚴重謊言」等。

模擬面談結束後，詢問他們對於面試官的好感程度時，被詢問隱私問題的實驗對象是19．7分；而一般提問的實驗對象為30．9分。

一般人都會厭惡被他人猝不及防地侵犯個人隱私。

套用在小孩身上同樣失敗的提問

順便一提，不是只有在商場上會犯下這種錯誤。尤其希望父母注意的是，詢問孩子「你在學校有沒有被欺負？」

這個問題其實侵犯了小孩最敏感的領域。孩子很可能直接否認「我沒有被欺負」，而永遠不對你說出他的真心話。

提問就是如此敏感的心理技巧。

不要肆意踐踏他人的隱私

洞悉人類心理

注意禁忌用詞！

任何對話都會有一些令人退縮猶豫的用詞。在說服對方時若使用這些禁忌用詞，說服必然以失敗收場。

其中一個是「金錢」。

美國加州大學的溫蒂・劉（Wendy Ryu）博士曾針對199人進行一項線上調查。

他就肺癌呼籲捐款給全美癌症協會。

在提問時，當問到「你願意捐多少金額？」捐款的人很少。但是若詢問「你願意撥出多少時間協助？」則獲得多數人願意撥出時間協助，同時也獲得大量捐款。

「錢」這個詞彙等於在樂意助人的心情上潑了冷水。但換成「時間」一詞，除了時間，人們也樂意奉獻金錢給予協助。

另外，「合約」一詞也是令人退卻的禁忌用詞。

必須使用時，嘗試換個其他表現，不要說「請在這份合約上簽名」，不妨說「請在這份文件上簽名」。

第3章 利用沉默操控人心

本章要介紹的是不仰賴話語，而是透過沉默的力量來操控對方。
你不需要開口提出請求，
而是自然而來讓對方產生想採取行動的心情。
當然，這不是以超能力操控對方的遊戲。
但或許產生的效果相近。
不必開口、不必說一言一語，就能成功馴服對手。

心理術

17

只需「聆聽」，就能讓對方接受你的要求

也許有些人並不擅長採取引起對方關注的行為，也不知道如何透過讚美取悅對方，博得對方好感。

有一個對以上人士的好消息。希望受他人喜愛的做法，並不是非得要透過言語。甚至可以說採取言語以外的攻勢，因為不會被對方察覺，所以更容易打動對方內心。

真有這麼好的方法嗎？答案是肯定的。而且，這個方法僅是「持續聆聽對方說話」即可。

美國東肯塔基大學心理學家羅絲瑪莉・拉姆齊（Rosemary Ramsey）曾針對近期五百名購車的對象進行調查，問卷的題目是「銷售員做了什麼讓你決定買車？」

結果最多的答案是「傾聽我說話」，換句話說，不是一味地推銷車款給客戶，而是先耐心聆聽客人說話，專心聽取客人真正想要什麼，是讓顧客向該銷售員買車的主因。

這就和客訴中心應對客戶抱怨一樣，最有效安撫提出抱怨的方法，就是從頭到尾聆聽客戶的抱怨。

注意「專心聆聽」

不用說，當然不能只是敷衍了事地左耳進、右耳出。關鍵是無論如何都必須真心誠意地「聆聽」的意識，全神貫注地洗耳恭聽對方說話。

專注傾聽他人說話，就能產生給予對方「報償」的效果，與其說些一眼就能看穿的客套話，聚精會神地聆聽對方說什麼，更能產生好幾倍的效果。

默默無語也能打動人心

心理術 18
配合對方呼吸的超強「同步」效應

觀看水上芭蕾（artistic swimming，又名synchronized swimming）時，常會聽到「表演者默契一致」等形容。

或許「synchronized swimming」這個名詞，就是以「同步」（synchro）之意而使用的詞彙。

耐人尋味的是，當我們配合對方的呼吸時，實際上也能使彼此的心情達到更深層的共鳴。

這在心理學上稱為「同步」（pacing）技巧。顧名思義，就是與對方節奏「同步」的技巧。

對方如果說話快如連珠炮，我們就跟著加快說話速度；對方如果慢條斯理，我們就跟著放慢語速。其他還包括表情、手勢、動作等，都配合對方的節奏。

只需配合呼吸就能達到共鳴效果

當然，要做到完美一致，可能只有諮商師等專業人士才做得到，倘若只是半調子程度卻想要做到完全同步，注意力反而會渙散吧。

因此，我們只需做到「氣息」這項與對方同步，也就是呼吸。

看著對方胸前的呼吸起伏，就能輕易掌握呼吸節奏。當對方吸氣我們就跟著吸氣；對方吐氣，我們也跟著吐氣。

透過像這樣配合呼吸節奏，就能自然而然在身體的節奏同步，達到「合拍」的狀態。這種時候，對方就莫名地覺得和你一見如故，願意敞開胸懷。當然，這個技巧不會被對方察覺，只會覺得和你很投緣。

要讓對方放下戒心，說出真心話，就先從呼吸的同步開始吧。

只需和對方採取相同的節奏而行動

心理術

19

利用對於沉默的「畏懼」

你知道當你採取行動時，最主要的因素是什麼嗎？是出於邏輯？道德倫理？善意？其實都不是。讓人類願意採取行動最大的原因，是為了保護身家安全的「恐懼」。

「或許會被他人討厭」、「或許會被排擠」、「沒有人需要我」、「會不會被開除」等恐懼。

人類害怕被同伴或社會拒於千里之外。

運用這種出於恐懼的心理，就能達到操縱人心的目的。

面無表情看起來「較強勢」

現美國紐約瓦薩學院的心理學家A・G・霍爾艾坡斯坦（Hall Epstein）博士，將國內15家主要雜誌上刊登的廣告男女模特兒照片截下後，分為「滿面笑容」、「微笑」和「面無表情」三組。

結果，其中令人覺得看起來最強勢的模特兒，是面無表情的一組（請參考下頁圖表）。

追究其中緣由，是因為我們對於「面無表情」的人類，會感覺「恐怖」。

我們難以從面無表情的人身上，看出對方是什麼樣的情緒，換句話說，我們無法得知他們的內心在想什麼。當我們無法看穿他人內心的想法時，就會啟動自我防衛的本能，因而覺得畏懼。所以面無表情時，看起來就比較強勢。

面無表情看起來較強勢

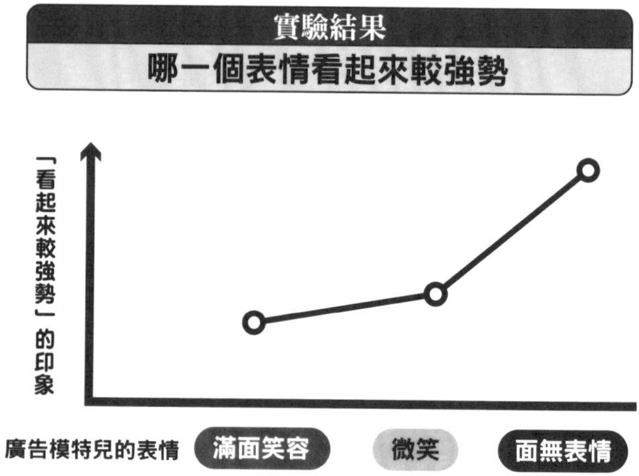

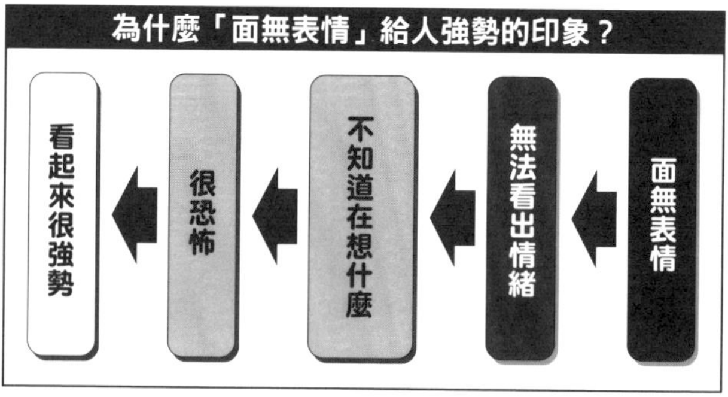

若是希望給人強勢的印象，只需「面無表情」，別人就無法看出你的情緒變化。

因此，若是想讓自己看起來比較強勢的時候，沉默而面無表情將很有效果。

只需這麼做，對方就會覺得你看起來很強大，在心理方面就能位居優勢。

有時「面無表情」也能成為武器

心理術 20

最厲害的說服技巧是「試試看」

當有人對你說教時，你是否曾在內心吶喊：「那麼會講！你自己去做看看啊！」

這個迴避與對方起爭議，內心的吶喊，實際上在心理學是相當正確的主張。

荷蘭的阿姆斯特丹大學范登普特（van den Putte）教授，曾做了幾個不同型式的巧克力棒廣告，進行實驗來觀察哪一種宣傳方式最有效。

實驗結果，「大家都愛吃這個巧克力」的社會性訴求廣告，只有8％的人表示喜愛。

訴求利益的「這個巧克力很好吃」的廣告，則是19％的人表示喜愛。

但效果最佳的是讓實驗對象看見廣告中的人物狼吞虎嚥地吃著巧克力，這個廣告，有42％的人表示喜愛。

換句話說，他人的實際行動最能有效促使自己也想做做看的心理。

部下總是看著上司的背影

比方說，身為主管的你，總是最早到公司上班，這麼一來，原本經常遲到的部屬應當也能仿效而變得早起。

當然，管理職務的立場要和二十多歲的部下採取同樣的工作模式確實有困難。但至少要展現出萬一發生什麼問題，自己會親自出面解決問題的氣概，否則部下的心將輕易離你遠去。

部下不是只聽你開口說的話，而會確實注視你的背影。

真正強而有力的說服，不是靠言語，而是來自你所採取的行動。

首要的是親自示範

心理術 21
「眼不見心不煩」在科學上也是正確的

日本的食品標示有相關法令，所有食品及加工食品都有標示「名稱、原產地、保存期限、營養成分」的義務。

雖然無法得知究竟有多少人是先確認過熱量的數字後才購買，但有實驗數據證明，因為熱量的標示而使得購買意願下降。

美國猶他大學的希曼舒・米什拉（Himanshu Mishra）副教授，曾以一個巧克力的試吃實驗，調查消費者對於商品是否想要獲知完整的資訊。

他讓其中一個團體試吃包裝上載明熱量等詳細資訊的巧克力，接著再問他們還想再吃幾個，得到回答是「（平均）想再吃1．9個」。

然而，試吃只標示主成分的一組，則是回答「想再吃2．9個」，遠多過標示清楚的一組。

也就是說，不知道熱量的情況下，原本讓人忍不住想多吃幾口的美味巧克力，在看到熱量標示後，哪還能讓人吃得津津有味？

米什拉副教授將這個現象稱為「幸福的無知效應」。

不做多餘的告白

有句諺語說「眼不見，心不煩」。有些知道了會怒火中燒的事，在不知情時還能保持平靜。就「幸福的無知效應」來說，如果是不利的事最好保持緘默，只知道有利的事反而幸福。

就如同女性在結婚前特地向未婚夫坦誠以告：「我以前交往的男性不計其數。」根本不會有任何好處（老公什麼都不知道應該比較幸福）。

知道愈多未必愈幸福

心理術
22

魔法的一句話「的確如此」

有沒有過這樣的經驗？朋友或女友找你商量，你自認盡心盡力提供中肯的意見，但對方似乎並不接受。

這完全要怪你做錯了。

來找你商量的人，需要的並非你的「答案」，他們只希望「獲得你的瞭解」、「得到你的接納」。他們要的是認同與共鳴，期待別人認為自己的觀點合情合理。

因此，當他們找你商量時，最恰當的應對，首先是附和「的確如此」、「我懂我懂」，表示認同與共鳴，接著專注聆聽對方說話，只需靜靜地陪伴對方即可。

你開口要說的話，只需一句「的確如此」。只需這麼簡單的一句話，就能發揮巨大的效果，這句話中涵蓋「你說的話合情合理」、「我支持你」等深層含義。

在心理學中，這種給予肯定的表達，稱為「社會認同」。

透過認同也是給對方的救贖

美國紐約州立大學的心理學家西德尼・席拉格（Sydney Shrauger）曾進行以下的實驗。

他把實驗對象分為男女混合的三人小組，分別讓他們進行一段時間的交談。當談話時間結束，調查他們對彼此的印象，結果發現，能獲得高度好評的，是那些「能聆聽自己說話並給予肯定認同的人」。

相對的，那些在談話過程中，習慣以「但是」、「不過」、「是嗎？」「真的嗎？」

等否定、懷疑的口吻回應的人，得到的評價則偏低。

若想贏得人心，就算是違心之論，也應該在口頭上表示「的確如此」，先接納對方。

即使內心無法同意，也不必多說什麼。你只要給予接納，對方就能得到救贖，你的人望也能因此大幅提升。

心理術 23 萬用的殺手鐧「唯獨你有」

「這件事我只告訴您……」

「其他人我都沒說……」

「要是主管知道我告訴您，一定會罵我……」

這幾句話其實可以說是詐騙犯慣用的殺手鐧。我們只要聽到對方說「只有你才有」，就會覺得自己與眾不同，認為格外受到重視而雀躍不已。

而且，心理上也會有一種覺得自己獲得誰都不知道的一手機密消息，無法置之不理。因而完全中了詐騙犯設下的圈套。這是傳統詐騙常見的手法。

威斯康辛州大學心理學家伊萊恩・瓦特（Elaine Walster）曾針對這種「唯獨你有」的心理，進行過一個有趣的實驗。

首先，他要男學生透過電腦向女性提出約會的請求，而女方（其實是電腦）採取以下三種應對方式。

①不對任何人示好
②對任何人一律示好
③只對被實驗者示好

約會結束後，詢問他們對不同應對方式的女性的好感程度，結論是③「只對被實驗者示好」的女性最受歡迎。我們在戀愛方面，也會希望受到「與眾不同」的特別青睞。

當出現無論如何都想追求的對象時

我們要從中學習的只有一件事，那就是當出現你無論如何都想追求的對象時，絕對不要將對方和其他人一視同仁，而必須另眼看待。

說另眼看待也不是要你帶他去高級餐館，或是贈送昂貴的禮物。你只需加上一句「唯獨你有」也就夠了。好比說，「其實這個伴手禮我只買給你」、「這件事我只告訴你」等。

只需加上一句「唯獨你有」的話語就可以了

心理術 24

終極的沉默技巧

當你嘗試千方百計卻說服不了對方時，這裡有一個最終手段。

比方說，假設你有件工作一定要設法請同事幫忙。因為自己能力有限，若是沒有同事協助不可能完成。雖然你試過各種方法，同事卻怎麼也不肯答應，讓你束手無策時。

這時不妨抱著孤注一擲的態度，試著去碰觸對方的身體看看。

但希望你別誤解，這絕對不是要你去性騷擾對方，在心理學上，「肢體接觸」的行為，能夠讓人們因此而卸下心防。

讓對方敞開心胸的最後手段

美國舊金山大學心理學家柯林．西爾弗索恩（Colin Silverthorne）博士等人曾進行一個實驗，他請一位男性與互相不認識的女性兩人一組，讓他們自由交談。

不過，男方其實都是事先安排的暗樁。男性對於某些女性完全沒有肢體接觸，但對某些女性則是與她們握手或碰觸他們的手腕。自由交談結束後，再詢問這些女性，是否願意與該男性約會、能感受多少對方的男性魅力。

結果是有輕微肢體接觸的女性，對該男性更有好感。

這並不是僅適用於與性愛有關的場合。「碰觸對方的身體」具有讓對方敞開心門的效果。

只不過，萬一沒掌握好分寸，也有可能演變成性騷擾的嫌疑，所以最好把這個方法視作最後關頭不得不用的手段。

即使是難以說服的對手，搭他的肩，或是找他玩手指相撲，然後藉機表示「其實我真的很希望你能幫忙，希望你借我個人情」。說不定有機會讓對方首肯。

走到窮途末路時，不妨透過肢體接觸拉近距離

洞悉人類心理

無敵的一句話「謝謝你」

美國賓州大學的亞當・格蘭德（Adam Grant）博士，以研究文章能力的名義在線上招募人員。

然後，他又向來應徵的69名人員，寄出一封委託信件，內容是希望他們也能參加其他的實驗。

其中，收到信件內容只說明實驗內容的人員，只有32％的人在二十四小時內回覆願意參加。

相對的，文章當中加上一句「由衷感謝您來參加」的信件，收到的人則有66％回覆願意協助。

像這樣，僅是多了一句「感謝」的話語，就產生兩倍以上的不同效果。

「感謝」一詞，對心理造成的影響就是如此非同小可。

當對方為我們做什麼時，表達你的感謝，「謝謝您撥冗和我見面」、「感謝您的回覆」等，之後的發展想必截然不同。

因此，請務必養成道謝的習慣，這不僅能令對方喜歡你，還能更容易說服對方。

與對方的電子郵件往來，一開始加上「謝謝您撥冗回信」，相信必能提升對方對你的好感。

第4章 以心理法則操控人心

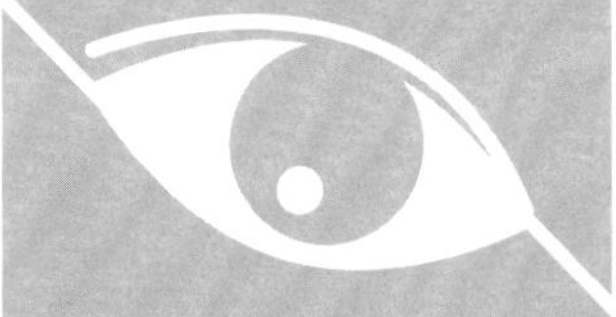

本章所要介紹的是已廣為人知的「心理法則」。
除了已確立為經典的心理法則，
同時也解說近年證明的心理法則。
兩者都廣為人知，
實際上使用也能讓你如虎添翼。

心理術 25

談判、說服要「先下手為強」

任何勝負競爭，都是先下手為強，這是不論古今中外皆然的常識。不過，真正擁有這個自覺的日本人，卻比想像中來得少。

原因是日本人所崇尚的美學，認為搶先是「粗俗無禮」、「厚顏無恥」、「卑鄙下流」。推崇禮讓文化也可以從相撲中看出來，過去，採取先發制人戰術的相撲選手，會被批評為「不像高級力士橫綱的風格」，而穩健防守、正面迎擊的相撲則被推崇是高潔的表現。

先把日本人的美學意識擱置一旁，「先下手為強」在心理學上，確實是重要的原理原則。

美國猶他大學的亞當・賈林斯基（Adam Galinsky）博士，曾進行顧問公司對新雇用者的分紅交涉狀況。

其中一組是由雇用方的企業先提示分紅金額；另一組則是先詢問受雇者要求的紅利金額。

結果，企業先提示數字所協調出的金額是一萬二千八百八十七美元；而由受雇者提出要求的一組，協調的金額則大幅上升到一萬七千八百四十三美元。

也就是說，先提示金額的一方，掌握了後續交涉的主導權。

先宣言拉出「標準」

事實上，不光是勝負競賽，在一切談判交涉的場合，率先提出條件的一方較為有利。

例如在國外市場購物時，如果店員先表示「算你便宜一點，一萬日圓就好」，你就算殺價，最多大概也只能以八千日圓的價格買下來吧？但如果你先提出「三千日圓我就買」，再貴一點可能也有機會以五千日圓買到。

心理學上也是「先下手為強」

心理術

26

提出「不合理的要求」而實現原本的期望

美國密蘇里大學莫頓・戈德曼（Morton Goldman）博士及克里斯多福・克瑞森（Christopher Creason）博士曾以堪薩斯州市民為對象，進行以下的實驗。

首先他們自稱「我們是新成立的廣播電台人員」，接著拜託對方「很抱歉，我們將從電話簿挑出150個人，可以麻煩您打電話給他們，協助提問一些問題嗎？」

可想而知，突然提出這種無理的要求，根本沒有任何一個市民答應，吃到百分之百的閉門羹。

然而，在對方拒絕後，再次提出「那麼，若是請您打給25個人就好了，可以嗎？」這一次竟然有半數的人答應。

刻意突然提出荒謬的條件，讓對方拒絕，接著再降低門檻，提出次低的條件，稱為「以退為進法（door-in-the-face／吃閉門羹）」，是一個具代表性的心理技巧。

提案有「落差」，就容易下決定

任何交涉，一開始都盡可能獅子大開口，提出你的要求。

接著，再慢慢降低你的條件，激發引出對方的讓步，最終是成功達到自己的預設目標。

因此，盡可能刻意讓最初的提案和第二次以後的提案，有明顯落差。

這樣的策略在歐美國家從外交到生意場合等各種情境都常被利用，但對於不擅長談判的日本人而言，或許是一個較難學會的技巧。

真正的要求可以「慢一點提出」

心理術
27

重複小小的請求，讓對方接受較大的請求

這也是傳統的心理策略。但做法和前一項相反，一開始先提出任何人都容易接受的要求，先跨入對方的領域，再逐漸增加要求。

這在心理學中稱為「得寸進尺法」，又稱「登門檻效應」（foot-in-the-door effect）。只要讓對方的心門稍微打開，接著就可以把腳伸進去卡住門，讓對方逐漸敞開大門的做法。

比方說在男公開俱樂部，一開始先讓客人點較便宜的酒。他們不會一開口就要

求「我想要勞力士的手錶」。而是先讓客人跨過較低的門檻，再漸漸提高要求。

如果是五千日圓左右的酒應該無所謂，慢慢地打開心防，確實把腳伸進門縫後，再提出各種要求吧。不論是多微不足道的要求，一旦答應了就是你輸了。

第二個提出的請求結果如何改變？

以下介紹美國麻州大學的克里斯・艾倫（Chris Allen）副教授所進行的實驗。

他先提出的要求是「可以回答我一些有關購物的問題嗎？」接著對願意回答的人提出的第二個請求是「我可以把題目的內容寄到府上嗎？」

以這個順序詢問，答應的比例高達67・3％，但一開始就先詢問「可以把題目紙寄到府上嗎？」只有極低的22・2％比例答應。

一開口就要求「請捐款」，多數人可能直接走過去充耳不聞，但若是先以較低的門檻，例如「只要簽名就好」，多數的人都可以接受，接著就容易跨過「捐款」的第二道門檻。

逐漸提高門檻也很有效果

心理術
28

讓對方認為「如果只是一點……」的技巧

這個技巧在心理學中也是傳統的手法。不是由你提出要求，而是促使對方主動採取行動，是一個很有趣的手法。

前一則的「得寸進尺法」，是一開始先設定較低的門檻，再漸漸提高要求。而接下來談的這項「even a penny will help」說話技巧，照字面翻譯是「即使捐一元也能幫得上忙」。則是把低門檻徹底用到最後，引起對方自主性的讓步。

促使對方願意自動讓步

舉例來說，當車站前的志工對你說「請協助○○的捐款」，你應該可以很輕鬆地拒絕。

然而，要是對方鍥而不捨地說：「只需十圓，或是一圓也沒關係，請協助捐款活動！」我們就會很難拒絕。

而且，有趣的是，當你採取捐款行動時，通常並不是捐一圓、十圓，而是會以百圓為單位捐款。

「反正頭都洗下去了」，人們基於這樣的心態，往往會自動把金額提高。

因此，想要拜託別人什麼事情時，先以「只需○○也沒關係」的形式，請求對方的協助。

透過將門檻降到最低，往往能有效促使對方主動讓步。

而且，以這樣的方式取得協助，無論如何都是對方的主動行為，所以不必擔心招來怨恨。

相反的，對方可能因為受到讚美而感到飄飄然。

試著以「只需一點點就好了」來拜託對方

心理術
29

故意向對方「示弱」，引起對方同情

我們並不是只會被強者、才華洋溢及偉大的人吸引。反而可能因為這樣的人常給人難以接近的印象，所以無法產生共鳴。

心理學上有一種故意表現自己的弱勢，引發對方共鳴與同情的狡猾技巧。一般稱為「劣勢者效應」（Underdog effect）。

所謂「Underdog」，意指「掉進河裡的狗」，這個詞是從「不打落水狗」這句俗語而來。

區分強弱使用

表現劣勢

構成要素

- 同情心 –
- 共鳴度 –
- 類似性 –
- 親密感 –
- 優越感 –

能發生效果的是？

- 上司、老師等 –
- 異性間的說服 –
- 戀愛的情況 –
- 私人場合 –
- 道歉 –

表現強勢

構成要素

- 正當性 –
- 威嚴性 –
- 專業性 –
- 邏輯性 –
- 恐懼感 –

能發生效果的是？

- 部下、學生等 –
- 同性間的說服 –
- 商務的情況 –
- 客訴 –
- 提出要求 –

讓對方看見自己弱勢的部分，引起對方同情。當獲得同情，要求就容易被接受。

舉例來說，當我們看到被主管斥責而心情低落的同事，我們可能會產生兩種不同的情緒。

一個是「我明白他的感受」的共鳴。另外一種則是「真可憐」的同情。

當與對方有共鳴時，我們能輕易地敞開心扉。並因此原諒對方，願意接納。

另一方面，當我們同情對方，我們會萌生一股微微的「優越感」。有一些慈善活動家看起來有些不可一世，就是因為這股優越感的緣故。

如果能這樣接受對方，或甚至懷有優越感，就不會產生反彈的情緒。

宣稱「我很弱」，反而得到高評價

羅伯特・A・賈卡儂（Robert・A・Giacalone）為美國里奇蒙大學的心理學家，他讓大學生讀一篇專案管理人的介紹文，然後要他們評價。

其中，介紹文中加了「我不擅長這個領域」表現出弱勢內容的文章，好感度為4．92分；而未加上表現出弱勢的文章，好感度為3．88分（滿分為7分）。

在部下或晚輩面前，表現你的強勢或許有效，但在上司與異性的關係中，有時適度的表現弱勢的一面更有效，所以不妨因應對象加以運用。

有時「表現出弱勢的一面」也有必要

心理術 30

人們會對示好的人產生好感

在說明這小節的心理技巧前，先回想一下你身邊那些很受歡迎的人。那些大家都喜歡他們的人。

這些受歡迎的人當中，是不是有一些令人想不透他們為什麼受歡迎的人？他們並不是外表出眾，也不是因為談笑風生，工作能力普通，但大家都喜歡他們。

乍看之下，他們似乎沒有特別吸引人的魅力。但他們卻擁有一個強大的武器，那就是「打從心底喜歡別人」。

比方說，如果你真心喜歡某個人，你對他的好感往往會回到你身上。受歡迎的人因為打從心底喜愛別人，所以也受到大家的喜愛。

心理學中把這樣的現象稱為「互惠心理」，也是一個廣為人知的心理原則。這是指當你表現出對他人的善意，也會得到對方的回應。善意不會是單行道，對方必然會給予回報。

「互惠原則」適用於各種場合

美國波士頓東北大學的茱蒂斯・霍爾（Judith Hall）博士，曾針對530位七十歲以上定期在醫院看診的男女患者，調查他們對於「主治醫師的好感度」。同時，他也詢問醫師對於這些患者「抱有多少程度的好感」。

結果發現，愈受醫師喜愛的病患，對於該醫師的好感度也愈高。完全印證了互惠原則。

原本沒有特別留意的人向你告白，表示喜歡你時，你開始注意到對方，然後在不知不覺中也喜歡上對方。你應該也有類似的經驗不是嗎？

希望別人對你釋出善意，就先喜歡對方吧！

心理術 31

如何利用人們想要回應信任的本能？

曾有一個關於「投資遊戲」的心理實驗。

簡單來說，就是對友人投資金錢後，必定有三倍的報酬率，但是要返還多少則是由友人決定（請參考下一頁圖示）。

在這個實驗中，如果純粹考慮合理性，友人捲款而逃應該是最佳選擇，因此，投資方照理說也應該會選擇「連一美元都不投資」。

但實際上，確實有人選擇投資，而且友人也確實歸還款項。這個實驗證明，當人們知道獲得他人的信任時，有予以回報的傾向。

「投資遊戲」的說明

遊戲條件前提

只要投資友人就能獲得三倍的報酬，至於何時返還要看友人決定。
也有捲款潛逃的可能性。這種情況下，你會投資多少？

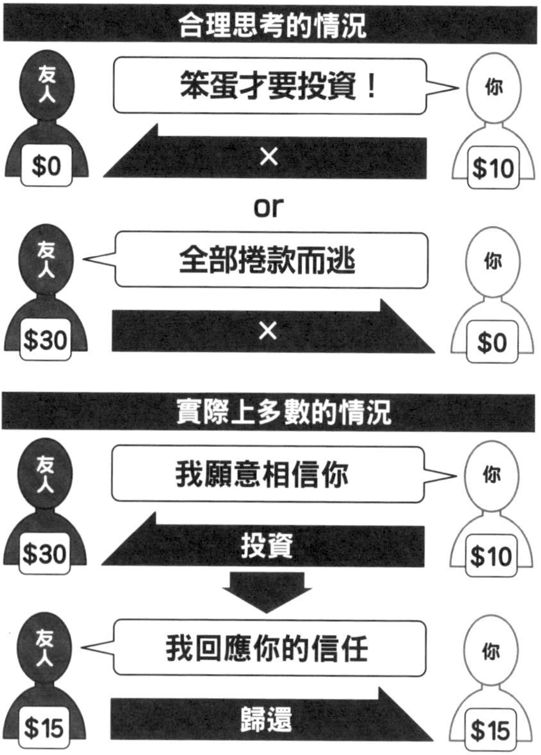

人類的感情容易受氣氛左右

美國俄亥俄州立大學的羅伯特・蘭德（Robert Round）博士使用以下的方式進行投資遊戲調查。

他先把180名男女分為兩組，一組讓他們觀看「三分鐘的高爾夫歷史錄影」；另一組則是讓他們觀看「三分鐘的喜劇錄影」。

之後，讓他們進行「投資遊戲」時，「高爾夫歷史」小組的平均投資金額是4美元50分；而「喜劇」小組平匀投資金額則大幅上升到7美元65分。

換句話說，看了喜劇而開懷大笑，在愉悅的心情下進行投資遊戲時，就能更大方投資。

為什麼會這樣投資？那是因為在心情興奮高漲的情況下，容易信任對方。

心理學把這樣的情況稱為「氣氛感染效果」，人的情緒很容易受到周遭或其他人的行為影響。

因此，當你有什麼事想拜託別人時，必須在對方心情愉快時提出。

氣氛愉快時也會更大方

心理術
32

荒謬的理由也能打動人心

希望提出的主張能被接受時，總是會煩惱該以什麼樣的理由才能說服對方。

然而，在心理學的世界中，有一條著名的心理原則，就是「不論多麼荒謬的理由都能打動人心」。這是哈佛大學艾倫・蘭格（Ellen Langer）教授曾提出的一項著名實驗結果。

實驗的方式是，他對正在影印前，正打算要影印的人，提出以下的請求。

（模式A）「抱歉，可以先讓我使用影印機嗎？」

（模式B）「抱歉，我需要影印。可以先讓我使用影印機嗎？」

首先，A是一般的請求，並沒有說明「緊急的理由」或「對方應該先讓你印的理由」。

相較之下，B提出的要求可稱為「循環論證」，提出的說法給人一種「似乎有急迫理由」的感覺。但冷靜思考後會發現，結論反而在支撐理由，論述形成循環，根本無法構成真正的理由，只是乍聽之下像個理由。

而且兩者提出要求的結果，以A的模式詢問，對方答應的比率為60％，相較之下，B的模式竟然有高達93％的人答應插隊影印的請求。

不可以給予思考的時間

簡單來說，讓他人接受自己的意見並不需正當的理由，總之只需提出一個「聽起來像理由的說辭」，對方呈現輕微的停止思考狀態，就能順理成章地強迫對方答應。在談話當中，因為莫名的氣勢而接受對方的要求，就是這個緣故。

不過，這個做法絕不能讓對方有充分思考的時間。只要一冷靜思考，對方就會發現你提的理由根本不成理由。所以不要給對方思考時間，以迅雷不及掩耳的速度讓話題結束。

爛理由也能打動對方

心理術 33

男性無法拒絕「鼓勵」；女性無法拒絕「請求」

前面介紹了八個著名的心理技巧，都是相當普遍的原則，效果也已獲得充分的驗證。

不過，有一個情況例外。那就是男女間的「性別差異」。男性與女性之間，有著關鍵性的心理差異。

美國印第安那州的文森斯大學的心理學家查爾斯・麥馬漢（Charles McMahon）找了一群男女接受實驗測試，請他們回答期望能獲得多少「激勵性言詞」或「關懷性言詞」。

結果，滿分80分當中，相對於男性占了39．2分希望獲得激勵或關懷的言語，女性只占了33．2分。

也就是說，男性想要的是「激勵性言詞」或「關懷性言詞」。但女性這樣的傾向卻很低。

那麼，女性想要的是什麼呢？

女性期望的是「被拜託」

根據居住在加州的心理治療師黛芬・蘿絲・金瑪（Daphne Rose Kingma）的研究，女性不喜歡被「指示」或「命令」，而期望被「請求」。

舉例來說，如果上司指示「田中呢？妳去找他，叫他過來」，或是「把報紙拿來」等這類命令句，通常會令女性感到不悅，但若是改變一下說法，「田中在哪裡？妳可以幫我去叫他來找我嗎？拜託妳了」，或是「可以幫我拿報紙過來嗎？拜託妳了」，只需加上一句「拜託妳了」，就能夠讓女性感受較佳，樂意接受。

因此，今後對女性提出請求時，盡量都加上一句「拜託妳了」；對於男性則使用溫暖而具激勵性的話語，「如果是你，一定辦得到！」「加油！」「太厲害了！」

這招也是必須牢記，方便使用的心理原則。

「難以理解」反而更有利？

當你聽到難以理解的事情，瞬間感到疑惑，「咦？」因而停止思考，以致不自覺答應下來。你是否有過這樣的經驗呢？

這在心理學上稱為「DTR法」（Disrupt then Reframe）。透過刻意干擾讓對方陷入混亂，以便對方接受自己的主張，這是一個廣為人知的心理原則。

這裡介紹一個有趣的實驗數據。

美國紐約大學普莉亞・拉必爾（Priya Raghubir）博士，曾進行一盒4顆糖果的銷售實驗。

一開始，糖果標價一目瞭然的「一盒1美元」，結果只賣出26・09%顆。

但是，當售價改成乍看不太容易懂的「一盒4顆，每顆0・25美元」時，竟然賣出62．79％顆。

兩種標價方式雖然不同，但實際上同樣價格。拉必爾博士稱為「貨幣面額縮小效應」。

美國人普遍心算能力不如日本人擅長，這樣的標價方式便足以造成混亂。但舉例來說，口罩「一個75日圓，一盒十入」，和「一盒750日圓」，你認為怎麼樣呢？

是不是直覺看到面額縮小的「一個75日圓」，認為比較便宜呢？

第5章 以暗示操控人心

「要是能像催眠師那樣操控人心該有多好？」
——任何人都曾有過這樣的夢想。
其實，要對他人施加暗示並不如想像中困難。
因為人類天生容易受到「先入為主」的影響。
這一章將介紹幾種人人都能輕鬆上手的暗示技巧。

心理術

34

為什麼占卜師能猜中個性？

路邊的算命師為你看手相。

「表面上開朗活潑，但其實內心很纖細敏感吧？」

「你看似隨波逐流，但其實內心很堅強。」

「沒想到你也有意外固執的一面。」

「其實你很怕寂寞吧？」

當算命師指出以上這些描述，你是不是大吃一驚，「咦？你怎麼知道？」

但這其實是耍詐。你只是被算命師施加暗示。

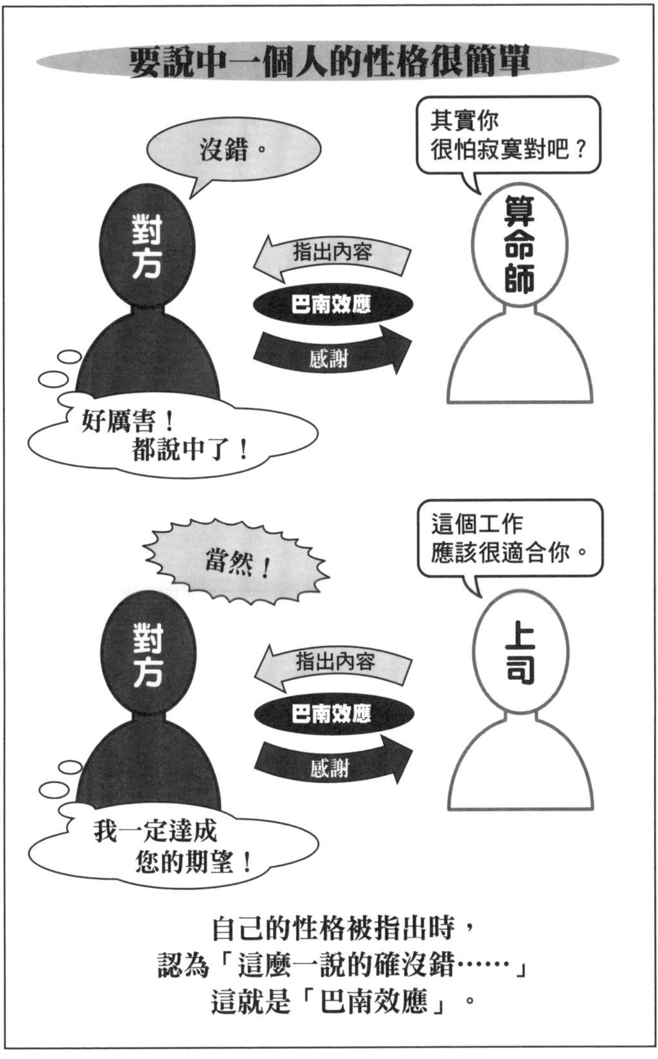
要說中一個人的性格很簡單
其實你
很怕寂寞對吧？
沒錯。
對方
算命師
指出內容
巴南效應
感謝
好厲害！
都說中了！
這個工作
應該很適合你。
當然！
對方
上司
指出內容
巴南效應
感謝
我一定達成
您的期望！
自己的性格被指出時，
認為「這麼一說的確沒錯……」
這就是「巴南效應」。

以下介紹挪威的企業研究員波琳・安德森（Pauline Andersen）與挪威科學技術大學的共同實驗結果作為佐證。

安德森等人找了75名大學生，實施虛偽的性格診斷測驗。然後交給大學生寫有性格內容分析的紙本，對他們說：「性格診斷測驗的結果出來了，這是有關你的性格分析。」當然，上面寫的分析內容完全是捏造的。

然而，大學生卻一致回答「好準！」這種反應和認為算命師能準確分析你的性格是一樣的。

當別人直接點明自己的性格時，將不自覺認同對方說法

這樣的現象在心理學中稱為「巴南效應」（Barnum effect）。當我們被直接點明性格時，常會不自覺地認為「沒錯！」

因此，若是想掌握人心，首先可以運用巴南效應，試著猜猜看對方的性格。「你的本性其實很善良而敏感」，這麼一來，對方應該會敞開心胸，認為「你才是真正瞭解我的人！」

想贏得對方的信任，其實比想像中輕而易舉。

我們對自我的認識其實很不可靠

心理術 35

對於同一天生日的人能卸下心防

暗示並不是只有算命師或催眠師才會使用，而是你也能輕易使用的手法。

接下來，我將介紹能在轉瞬間施加暗示的一個絕招。

只不過，因為這個方法太過簡單，效果反而鮮少人知。請閱讀本書的你記在心裡，不要對其他人張揚。

向對方在瞬間施加暗示的方法，就是告訴對方，你和他「同一天生日」，就只是這樣而已。

「什麼？你和我同一天生日耶！」

因為偶然而感到驚訝的對方，應該會在轉瞬間敞開心門，更想瞭解你，尋找彼此的共通點。你對於處在被暗示狀態的他，提出任何要求，他都較容易答應。

覺得與對方心有靈犀

波蘭華沙大學的米拉爾・貝列維茲（Michal Bilewicz）博士，曾以波蘭及捷克國境附近的81名波蘭高中生為對象，調查他們對於幫助與自己不同民族的意願變化（請參考下一頁附圖）。

根據這項調查，波蘭高中生對於同樣是迷路的人，願意協助同屬國民的波蘭人，高於對方是捷克人的情況。

但是，在附加「想像一下你的祖父母來自捷克」的條件下，願意幫助捷克人的傾向則大幅上升。

只需有共通點就能變得更友善

實驗　貝列維茲博士的調查數據

和自己是否為同一民族，是否願意協助對方的意願變化。

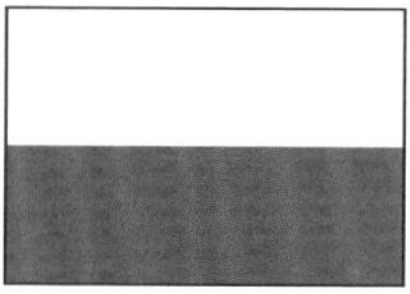

住在捷克邊境的
波蘭高中生

迷路的人	想像祖父母是捷克人	未要求想像
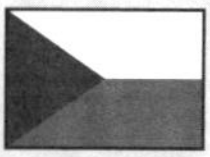 即使是捷克人也願意幫忙	4.32	3.68
 若同樣是捷克人就幫忙	4.62	4.71

差距小

差距大

（滿分5分）（Bilewicz, M. 2009）

僅是要求想像「祖父母是外國人」時，
願意幫忙的比例便上升

換句話說，與對方的共同點愈多，愈容易對對方產生親近感，因而產生好感。

因此，今後不妨積極地表現出你和對方的共同點。不論是生日、讀哪一所大學，或是喜愛的食物等等，只要能找到任何共同點，就有機會成為讓你們心意相通的契機。

創造與對方的共同點

心理術

36

以「拒絕」提高你的價值

每一次iPhone新機型上市，總是持續一段時期的缺貨狀態。或許只是生產速度來不及，但這種令人「心癢難搔」的策略，以心理學的角度來看，可以說是十分有效的方式。

這是因為，人們對於愈難得手的事物，能感受到稀有性，而愈想到手的心理。在心理學的世界，稱為「欲擒故縱」（hard to get）。

舉例來說，大受歡迎的餐廳推出「一日限定十份」的特別限定菜單。可想而知必然吸引客人大排長龍。但多數客人並無法吃到限定菜色，因此，使得多數客人彷彿被施加暗示般，更加希望吃到限定菜色。

拒絕是大受歡迎的明證

因此當朋友邀你去玩的時候，不應該立即興高采烈的答應。就算完全沒有其他預定計畫確認一下行事曆後表示，「九點開始？呃……傍晚我和別人已經有約了，可能會晚一點，可以嗎？」類似這樣來表現自己很忙碌。

如果是工作方面的邀約，我們也可以鼓起勇氣，設定「下週預定全部拒絕」的規則。

客戶來電詢問「下星期可以約地方碰面嗎？」你就回答「很抱歉，下星期已經排滿行程，可以跟您約下下星期二嗎？」這麼一來，對方會認為你是炙手可熱的人物，能夠發揮「欲擒故縱」原則，即「愈難得到的事物，愈覺得珍貴，因此更渴望擁有」的心理。

利用拒絕，證明你是大忙人、人氣王。

展現出自己忙碌的一面

心理術 37

給予罪惡感的運用

對方一旦拒絕你的請求一次後，要推翻這個拒絕並不是件容易的事。

這是因為對方一度以自己的意願選擇「拒絕」，如果要撤回這個決定，就表示必須承認自己的選擇出錯。因此，我們可以利用這一點，捨棄正面進攻，而嘗試施加暗示技巧。

密西根州立大學的麗莎・林斯利（Lisa Lindsley）博士，就向大家介紹了以下的方法。

博士以146名的大學生為對象，為了募集白血病患者的骨髓捐贈者，讓他們閱讀一篇「希望他們接受適合捐贈的簡單血液檢查」的文章，接著確認他們是否願意答應檢查。

實驗中讓他們閱讀文章，分為加入「難以想像連這麼簡單的檢查都不願意接受的」一行文字，與未加入這行文字的兩組。

結果，閱讀文章加入這行文字的一組，願意接受檢查的比例較高。

這是因為煽動他們拒絕檢查的罪惡感，產生讓對方感到愧疚的效果。

人類天生都有想要協助他人的本性

任何人都不喜歡內心有罪惡感。因此當煽動他們的罪惡感，為了希望擺脫這樣的感受，他們就會想要幫助他人。

罪惡感能成為驅動人們的動機。因此，巧妙地誘使對方產生罪惡感，對方就願意協助你，答應你的請求。

當你提出的請求遭到拒絕，不妨試著這麼告訴對方——

「我拜託你幫忙事情讓你很為難？」

「抱歉。我一定是給你添了很大的麻煩，對吧？」

一旦對方因為罪惡感產生愧疚，必然會想要盡快擺脫。

利用想擺脫罪惡感的心理

心理術

38

以「限定數量」施加魔法

當選項的數量改變，我們依然會選擇自己真正想要的東西，還是只要選擇數量改變，就會抑制我們原本的欲望呢？

這是一個因為選項數量改變而使得意願改變的研究主題，雖然是一個相當艱深的問題，但實驗結果十分耐人尋味，只有在此低調與大家分享。

美國史丹佛大學的阿納・塞拉（Aner Sela）博士讓學生觀看熱量看起來相當高的甜點及健康取向的新鮮水果照片，讓學生選擇想吃哪一種。

實驗時，照片分為六種甜點、六種水果，共計十二個選項的一組，有75％選擇水果，但選項減少到各兩種的甜點及水果時，只有55％選擇水果。換句話說，選項愈多，愈多人選擇健康的水果。

行為受選項數量左右

這個實驗說明當我們面對為數較多的選項時，為了合理化自己的選項，我們較傾向選擇一般大眾認為「有益」或是「美德」的事物，也就是以理性判斷為優先。然而，當選項變少時，我們則通常傾向一般認為「愉悅」、「邪惡」的事物。也就是說，更忠實地挑選本能想要的事物。

我們從這件事能學習到什麼呢？如果我們希望對方能順從他們的本能選擇讓他們愉悅的事物，就要盡可能減少選項。

舉個例子來說，如果一位男性今晚想要成功擄獲芳心，那他的約會安排就不宜太過繁瑣。若是選擇了晚餐、電影和逛街等多種活動，女生往往會選擇最保守的那一項。

減少選項就會忠於本能

心理術 39

讚美是最強大的暗示

想要引起別人的注意，稱讚他們就對了，沒有比這更有效的方法了。

然而，想必有人並不擅長吹捧他人，也不想說一些言不由衷的話，何況，也不曉得究竟該怎麼讚美才好，因此以下介紹有效的讚美方法。

這是華盛頓大學的心理學家法蘭克・斯莫（Frank Smoll）的實驗報告。

8位教練指導少年棒球聯盟的選手。當賽季結束後測定比賽的獲勝機率，結果在指導過程中選手的「努力」給予讚美的隊伍，獲勝率為52・2％；但指導時沒有給予讚美的隊伍，獲勝率只有46・2％。

而且，因為努力而得到讚美的孩子，回答「打棒球好開心，喜歡我們教練，對自己有自信」。

這時重要的是「讚美他們的努力」。如果是因為贏了比賽而讚美、打出全壘打而讚美的做法，讚美次數很有限。然而，如果是讚美努力的態度，不論什麼時候想讚美都可以給予肯定。

績效不佳的部下總之要給予讚美

因此，在職場上也是相同，不是讚美「結果」，而是讚美一個人的「努力」和「過程」。這麼一來，即使績效不佳的部下也一定有值得讚美的地方，也不必說些言不由衷的話。

尤其是並不是很努力的部下也稱讚他們「很努力」時，反而能激起他們覺得

「必須努力才行！」的幹勁。

對方若是謙虛的表示「沒你說的那麼好」，可以再次讚美「不，這很了不起！」

如此一來，對方就能任你掌控了。

愈讚美對方愈能獲得喜愛

心理術

40

故意示弱來操控對方

上一節說明透過讚美來打動對方。接下來要介紹的是故意示弱，讓對方站在一個比自己強勢的位置，讓對方產生居高臨下的快感，挑起對方的自尊心。

表面看起來似乎自己落敗，但實際上是讓對方翻不出自己的掌心，是一種相當狡滑的暗示技巧。

加拿大溫哥華的英屬哥倫比亞大學心理學家凱薩琳・懷特（Katherine White），曾發表一個非常耐人尋味的實驗結果，是有關亞洲人極為顯著的「某種心理」。

參加實驗的是出生於歐洲的加拿大人與出生於亞洲的加拿大人，詢問他們「當學校的考試失利的時候，如何重新再站起來？」

結果，歐洲的加拿大學生一致回答，「觀察比自己成績優異的人」。

也就是說藉由觀察成績比自己優秀的人，試圖鼓舞自己「我也要像他們一樣優秀」、「我只要更努力，成績就會更好」，這在心理學上是「向上比較」（upward comparison）。

想到「我不是敬陪末座」就能安心

然而，亞洲的學生就完全不同。

他們竟然回答，「觀察成績比自己差的人」。

因為觀察到還有人成績不如自己，因而產生「還有人表現比我更差」、「至少我沒那麼差勁」的安心感。在心理學中，這種透過觀察比我們弱勢的人來進行比較的行為，我們稱之為「向下比較」（downward comparison）。

與其說這是人種的問題，不如說這是文化的問題。只要居住在日本，這就是值得參考的事實。

因此，當我們要稱讚他人時，比起高高在上地說「做得好」，不如採取較低姿態，例如說「真不愧是你」的方式來稱讚，效果會更好。

採取低姿態來讚美對方

心理術 41

瞬間讓人幸福的壓箱寶技巧

前面介紹了好幾項暗示技巧，你會發現雖然被稱為暗示，但其實都非常簡單，並不需要任何刻意的安排。可以在瞬間輕鬆地運用這些技巧，或許會令你打從心底感到震驚。

不過，本章最後，我要介紹一個能在瞬間令人感到幸福的壓箱寶技巧。

史丹佛大學的艾蜜莉・季德克（Emily Zitek）博士，曾經將104名男女學生分為兩組，一組要求他們「在十分鐘內寫出人生中曾發生的十件不愉快事情」，而另一組則要求同樣在十分鐘內寫出「曾發生的無聊事情」。

接著，他對學生提出「方便的話，是否可繼續協助其他實驗」。結果寫「不愉快事情」的組別只有60%的學生願意接受；相對的，寫「無聊事情」的一組，則有80%的學生願意接受。

也就是說，回想起不愉快事物的學生，心情感受到痛苦，傾向迴避協助實驗，變得較不親切。

反向思考的話，若是能讓對方回想起幸福的事物，沉浸在當時幸福的氣氛中，自然就能處於愉快的狀態，能夠變得更親切。

不要讓對方回想起不愉快的事情

假設你是一位汽車推銷員，如果你問顧客「以前曾發生電力系統方面的困擾對吧？」像這樣喚起負面回憶的對話，會讓顧客陷入不愉快的回憶，這是不對的。

但是，如果能讓顧客回想起「您載孩子開車兜風，想必曾有過很多愉快的回憶吧？您當時都是去哪裡呢？」讓顧客回想起這些愉快的回憶，對方笑逐顏開，應當也會更樂於聆聽你的推銷內容。

運用愉快的回憶

想說服他人就訴求五感吧！

說服的技巧有很多，若是能運用人類的視覺、聽覺、味覺、觸覺、嗅覺等感官總動員，可以想像將能獲得最佳的效果。

美國密西根大學的萊恩・艾爾德（Ryan Elder）博士，曾以54位學生為對象，進行一個口香糖的廣告實驗。

在這項實驗中，他讓學生觀看廣告並實際讓他們嚼食口香糖，再讓他們評價味道。而觀看的廣告內容一個是「強調香味持久」，一個是「刺激五種感官」。

結果，只強調「香味」的一組評價是4・77分，而「刺激五種感官」的一組評價則高達5・39分（滿分7分）。

換句話說，強調多種感官的感覺，比只強調單一感官的感覺，讓嚼食口香糖的美味程度增加。

此外，根據美國麻州塔夫茲大學的馬克斯・懷茲別克（Max Weisbuch）博士也曾表示，人類的心理和行為會受到所持物品的巨大影響。

博士讓一些女性穿著「everyBODY is beautiful」（任何一個人都美麗→所有身體都美麗）的T恤。再觀察他們的反應，結果發現愈豐滿的女性，自尊心有愈高的傾向。

即使是自然映入眼簾的事物，人們依然會受到極大的影響。

第6章 以權威操控人心

人類是一種會順從權威的動物。
我們不敢反抗比自己強大的事物。
因此，利用「權威」來說服他人，是一項極為有效的策略。
不管真相如何，耐權威「包裝」得更厲害，
其實是件輕而易舉的事。
這一章就來說明如何打造出具有價值的印象，
讓對方信任你的訣竅。

心理術

42

「一開始」就樹立權威

當我們觀看電視廣告時，多數都是在廣告最後才出現企業名稱或品牌名稱，然而，從心理學角度來看，這是錯誤的做法。

聖地牙哥州立大學的心理學家威廉・貝克（William Baker）對244名學生，進行一個調查。他讓學生觀看口香糖或清潔劑的廣告，調查品牌名稱出現時機與好感度的關係。

結果，廣告一開始便出現品牌名稱的好感度是60・6分，而廣告最後才出現時，好感度是56・1分；一開始及最後都出現時為55・1分。

這在心理學中稱為「初始效應」（Primacy effect），指的是我們最初所接觸到、接受的事物，會給我們更強烈的印象。

詐欺師也常利用權威

證據就是詐騙犯經常運用這個原理，在一開始就利用「權威」這個老招來進行詐騙。

舉例來說，一九八〇年代前期發生的豐田商事詐騙案，這個詐騙案之所以爆發性擴大範圍，與使用「豐田商事」為公司名稱有很大的關係。

公司名為「豐田」，讓人以為和全球知名的豐田汽車是集團企業，（其實完全無關），讓人們去除戒心，而產生信任。因此，他們一開始自我介紹時會報上「我是豐田商事的〇〇」，給被詐騙者強烈的印象。

這些利用「初始效應」來為非作歹的案例，一開口就以「〇〇商事」、「我是東大畢業」來自我介紹，就是想藉此建立權威。

尚無任何威信的人，一開始也可以自信滿滿地把自身的學經歷介紹出來，這麼一來，對方的印象將會大為改觀。

心理術 43

借用「第三者的話語」建立權威

權威並非遙不可及、與你的人生毫不相關。

有權有勢的政治家、著名的科學家、現代ＩＴ領域聲名大噪的成功人士等，所有你知道的「權威」人士，事實上都是你可以運用的強大夥伴。

例如，當你的主張在會議中始終難以被採納時，只需加上一句「社長也同意這個做法」，討論的方向應該就有180度的轉變。

這種狐假虎威的做法，運用在任何場合，都能產生具公信力的成效。

例如，當你在說明時，加上「就如彼得・杜拉克說的，所謂管理，就是……」

或是「蘋果創辦人史蒂夫・賈伯斯曾說……」就能強化說服效果。這在心理學上稱為「權威效應」。

專家形成的說服效果

在德克薩斯大學研究廣告學的帕梅拉・荷馬（Pamela Homer）曾進行以下的實驗，他以234名男女大學生為對象，讓他們觀看下列的廣告。

他製作一個護膚廣告，刊載了兩篇不同的文章。一篇是註明「會計師推薦」的文章；另一篇則是「護膚專家推薦」的文章。

然後，當詢問他們哪一篇廣告較有說服力時，護膚專家所推薦的廣告，說服效果較高。

會計師當然是具有權威的專家，但請他們來推薦顯然是找錯人了。

換句話說，希望有權威效果時，盡可能要引用合乎談話內容的專家。當談論商業內容話題時，引用運動選手的話語，效果可能就相當有限。

能力不夠，權威來湊

心理術

44

可以無限建立權威的「前提」驚人成效

「無庸置疑，日本經濟未來將持續衰退。而中國無疑是造成這個現象的原因。」

讀了上面這個句子，你有什麼樣的想法？我想多數人都莫名地被說服了吧。

但事實上，這是運用「前提暗示」的心理戰術。

「眾所周知的事實……」

「就如大家所知道的……」

「無庸置疑……」

「○○一事，不需要再多說」

使用以上這些詞彙，聽起來就會給人「社會公認」的感覺。而我們都會畏懼被排除於「社會公認＝常識」之外。

常識可以由「技巧」創造而生

希臘馬其頓大學的心理學家安東尼・嘉蒂克斯（Antonis Gardikiotis）進行了以下的實驗。

他先把大學生分為A、B兩組，讓他們讀一篇偽造的論述文章，並在兩篇文章的開頭，分別加入以下一個句子（其餘內容相同）。

A「就如多數人所支持的……」

B「有半數以上的人支持……」

接下來問他們讀後的感想，結果A的說服力較高。

以前提來創造常識

就如大家常說的，
再過十年，
中國的GDP
就會超越美國

說服力 大

說不定
再過十年，
中國的GDP
就會超越美國

說服力 小

只需將前提融入談話內容，
你所說的成為多數意見，能增加說服力。

此外，若是使用「這是理所當然」、「不可能有人不知道」等前提示，也會讓你的說服內容更大幅上升。

理所當然的事，就不會再被懷疑

心理術45 人們果然還是「外表」占九成？

有些人光看到警察就會緊張。另外，也有些人面對穿白袍的醫師，就會像小孩一樣無條件臣服，不論對方說什麼，都乖乖照做。

你是不是也對於穿著制服的人，會感到一種莫名的力量。

像這樣因為制服而產生的力量，在心理學上稱為「制服效應」或「穿著效應」。

銀行的保全人員制服之所以和警察的制服相似度高，就是因為能讓看到的人，產生像看到警察的感覺，讓壞人看到能夠心生恐懼是主要目的。

醫學院的學生只是穿上白衣就會被稱呼「醫生」，這不是學生的力量，而是白衣產生的效果。

容易接受請求的服裝

有一個實驗數據可以證明。

美國麻薩諸塞州史密斯學院心理學家李奧納多・畢格曼（Leonardo Bigman），曾進行一個實驗，三位穿著不同服裝的人，叫住行人並提出一些請求。

協助實驗的三人服裝，分別①一般市民（西裝上衣並打領帶）、②牛乳店（白色圍裙）、③保全人員（類似警察制服）。他們向行人提出的請求如下：「可以幫我撿起皮包嗎？」、「我沒有零錢，可以給我一分錢嗎？」「可以幫我把這面招牌移到另一邊嗎？」

實驗結果，答應要求的比率，穿著和警察制服相似的保全人員遠高於其他兩種。即使是穿西裝打領的人也被拒絕請求，但穿著類似警察制服的人，提出的請求卻能輕易被答應。

人們對於穿著制服的人缺乏抵抗力

心理術
46
最強大的藉口是「我無法掌控」

如果重要的約會你遲到了，你該使用以下哪個藉口才聰明呢？

「唉呀！我睡過頭了，真的很抱歉。」

「真倒楣！電車竟然脫軌而停駛！」

不用說，把責任轉嫁到「電車」比較聰明，對後續的約會也較不會有影響。像這樣「當事人也無可奈何的問題」，也就是使用「遙不可及」（無法觸碰）的原因，在專業術語中稱為「外在因素」。

想說服他人，或是謝罪之際，盡可能提出「外在因素的理由」，這是顛撲不破的原則。威斯康辛大學的詹姆士・迪拉德（James Dillard）博士，分析51對夫妻間的對話。

結果發現，對於丈夫加班提出的理由，比起單純表現出對工作的熱忱，像是「因為我想工作」，妻子更能接受「上司交代這份工作明天以前要完成」的理由。「因為我想工作」的理由，從妻子的角度來看，只呈現出男人選擇工作勝過自己或家人的態度。

相較之下，若是把責任推給「公司」或「上司」這些「外在因素」，妻子就難以抱怨，也會認為「既然如此，那也沒辦法」。

拒絕反而更容易說服對方的「外在因素」

「外在因素」也可以充分運用在商業場合。

例如，對方要求價格折扣等讓步之際，可以表示「這個是公司規定的標準」，或者是「由於石油價格上漲的影響」等國際級規模的「外在因素」。

這樣做的話，即使對方遭到拒絕，也更容易接受你的理由。將責任歸咎於外部環境或不可抗力因素，往往比承認錯誤或能力不足來得更輕鬆，這樣不僅能為自己開脫，還更容易獲得他人的理解。

人們容易受「外在因素」影響

心理術 47

只要說「大家一起做吧！」大家就會動起來

人們都有「從眾傾向」。

流行或風潮正是如此，當大家都說這是今年的流行色彩，「大家」就會穿上該種色彩的服裝。

然而，當你問他們是否喜歡該種顏色，他們多半只會回答你「因為正在流行」。理由根本不重要。只要能和「大家」一樣，與這個時代的氛圍一致，追隨潮流，就已經足夠。

運用從眾傾向，讓顧客贊成毛巾的重複使用

芝加哥大學行為科學諾亞・戈爾茨坦（Noah Goldstein）副教授，提出一項針對中型飯店1058名房客的調查結果。

他們以小卡提出，希望房客能在飯店盥洗時，為了環保而不更換毛巾，再繼續使用一天。

當他們在房間放置「為了環保」的小卡時，有35・1%的人同意再次使用。

不過，當他們在其他房間放置「約有75%的房客重複使用毛巾」這個捏造事實的小卡時，則有44・1%同意繼續使用毛巾。

換句話說，如果多數人都這麼做時，個人也會跟著做，即所謂從眾效應。

順便一提，如果不是使用「大家」這種籠統的詞彙，而能提示具體數字時，例如四分之三左右的數字時，就能形成「大多數」的印象。

任何人都不喜歡被排擠在外

心理術

48

讓對方認為「激怒這個人後果不堪設想」

雖然上司都希望避免被部下討厭，但更應該避免的，其實是「被當作笨蛋」、「被小看」。

學校的老師也是一樣的，若是被學生（部下）稍微小看的話，要挽回評價相當困難。

不用說，一天到晚總是大發雷霆當然會被討厭，沒有部屬願意跟隨你，最理想的風格應該是「平時很溫和，但發火了很可怕」。

荷蘭阿姆斯特丹大學的心理學家葛本・范克利夫（Gerben Van Kleef）曾進行

以下的實驗。

實驗中將參與者分為手機的「賣方」及「買方」，讓他們就價格及保固期進行交涉。

在這個過程中，扮演「買方」角色是事先安排的受試者，讓他們分別演出「生氣的顧客」與「不生氣的顧客」。

結果，加入生氣演技的顧客，交涉進行得更順利。

不妨演出一次生氣的樣子

所以你不妨在部下面前故作一次生氣的模樣。讓他們看到你敲桌及大聲怒罵的樣子。

當然，你不需要真的生氣，只需表演出生氣的樣子就行了。看到平時幾乎沒生氣的你突然生氣的模樣，周圍的人應該會因為驚訝，沒有辦法思考是真是假吧？完全不生氣而讓部下爬到你頭上，反而會使你的評價下降。

大家常說驅使一個人需要糖果與鞭子，但不需要每次都揮舞鞭子，只需讓部下知道你「擁有鞭子」也就足以發揮制伏力的效果。

發一次脾氣就有絕大的效果

洞悉人類心理

試著以「多數派」的意見來闡述

表現出是「大家」都在使用、感到滿意、推薦的東西，人們就會莫名地感興趣。

美國印第安納州大學的心理學家扎卡里・托瑪拉（Zakary Tormala）曾進行一個實驗。

實驗中向學生提出一個訴求，「大學生應該協助校內圖書館及咖啡廳等休息區域的管理」。

他們對半數的學生提到「事前調查了900人，獲得86％的支持」，對另外一半的學生則說「獲得14％的支持」。

結果，聽到事前調查「獲得86％的支持」的學生，更願意接受這個訴求。

我們都認為是以自己的腦袋思考，但實際上卻很容易受到「多數派」的動向影響。

反過來說，要抗拒集團中的多數派，其實相當困難。因此，即使是少數派，只要試著說看看「大家的意見都一致」、「現在大家都有這個喲」，或許就能出乎意料地獲得信任。

第7章

以動作操控人心

無論你堆砌多少華麗的詞藻，搬出多麼權威的論述，
如果你的動作舉止生硬不自然，
讓人不愉快，都不會有人理睬你。
要讓人信服，你的行為舉止需要讓別人接受。
優秀的說服者也是優秀的表演者。
不妨把自己當成演員，盡情地表演吧！

心理術 49

模仿對方動作的驚人效果

無法暢所欲言。想法無法順利傳達。口才差不善言辭，話題無法延續。有沒有什麼好辦法呢？

在溝通上懷有這些煩惱的人想必不少。然而，並不是只要知無不言就是溝通。

是的，你的行為舉止，一舉手一投足，都是溝通。就像我們常說的「肢體語言」一詞，事實上，身體的「行為舉止」比「言語」對他人更具吸引力。

美國加州大學心理學家艾伯特・麥拉賓（Albert Mehrabian）提出的「麥拉賓

「鏡像模仿」比言語更能抓住人心

溝通重要的事物

麥拉賓法則

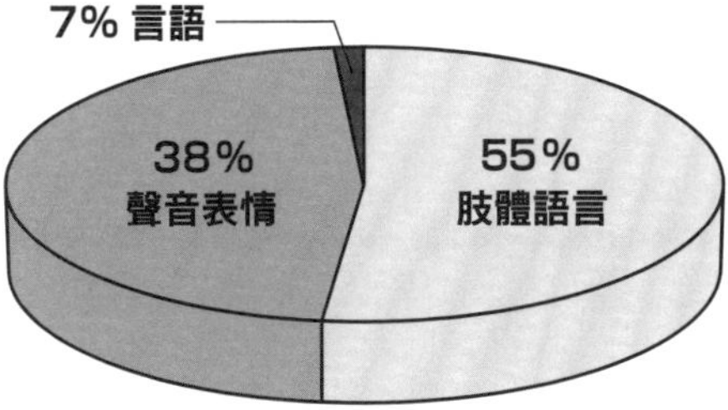

鏡像效應的實驗

恰特蘭博士的調查	工作人員只是進行普通對話	工作人員在對話之際運用鏡像
對工作人員的好感程度	5.91	6.62

（滿分9分）（Chartrand, T. L. et al, 1999）

使用「鏡像模仿」，對話也順利進行。

只需模仿對方的動作行為，
就能使對方敞開心胸，對你產生好感。

法則」，人們和初次見面的人在溝通時，受到影響的比例，表情、態度、手勢等肢體語言占了55%、聲音表情占了38%，語言只占7%。

讓對方在愉悅的狀況下侃侃而談

因此，接下來我就介紹只需模仿對方動作就可以的「鏡像效應」（mirror effect）技巧。

人與人的對話就像是傳接球遊戲，並不需要投出神乎其技的好球，只需讓對方投出好球，設法讓對方心情愉悅地侃侃而談，你就能夠成為非常出色的溝通者。

這時一個有效的技巧是「鏡像效應」，例如，當對方翹腳時，你也跟著翹腳；對方身體前傾，你就跟著前傾；對方伸手拿起咖啡，你也跟著飲用咖啡。就像是照鏡子一般模仿對的行為動作，對方就能心情愉悅。

從191頁附圖的實驗結果就可得知，透過鏡像效應模仿對方的動作，就能讓對方對你產生好感，讓對話能夠順利繼續下去。

利用「鏡像效應」掌控人心

心理術

50

直盯著對方，讓對方無法行動

你的辦公室是屬於多數人在一個大房間，辦公桌並排的傳統辦公室，還是近年來較常見的歐美系統型，個人空間以屏風隔板獨立出來的辦公室呢？

日本的辦公室多數是採大型房間，直屬上司的座位安排在可以看到全體部屬的位置。這種格局讓部屬覺得無時無刻不受到監視。

如果就員工彼此溝通的意義來說，日本傳統的開放大辦公室相當不錯。然而，若是從生產性的角度來說，不必承受他人（尤其是上司）的視線，這樣的工作環境能讓工作變得更有效率。

注視部屬工作的狀態只有反效果

有關「他人視線」，賓夕法尼亞大學州立大學的巴利・魯巴克（Barry R. Ruback）進行一個有趣的實驗。

他針對從購物商場開出的兩百輛車子的駕駛進行觀察。

結果發現，當自己的汽車後方有其他車子在等待自己離開後的停車位時，到離開停車位的時間平均花費39・03秒。但是，當沒有人等候時，則縮短到32・15秒。

換句話說，當有其他人一直盯著自己時，反而因為基於抗拒心態，故意移動得較慢，或是因為感受到壓力而無法和平常一樣移動。

因此，如果希望提升部門整體生產性時，最好不要對部屬緊迫盯人，而是給予部屬某種程度的自由，採取睜一隻眼閉一隻眼的態度比較剛好。當然，若是可能的話，最好每一張桌子都盡可能以屏風隔板隔開。

分分秒秒都被監視的狀態，就如同受困在監獄般，任何人都會嚮往自由的空氣與無拘無束的生活。

任何人都抗拒被監視

心理術 51 笑容能吸引人靠近

有些人不擅長在他人面前露出笑容。或者是，喜愛發自內心的笑容，卻討厭卑相較於令人愉悅的笑容，一般人對於冷笑都會懷著不信任的想法。

不過，即使是刻意堆出的笑容，我們依然不能小看它的威力。人們看到笑臉，就會敞開笑容，放鬆戒心。

舉例來說，服裝雜誌上的模特兒，他們的笑容是刻意表現出來的。但依然能令人產生好感，感受到時尚魅力。

如果模特兒都愁眉深鎖，你會有什麼感受呢？別說有好感了，甚至可能心懷警戒。

我們不可能知道模特兒內心想的是什麼。但他們是否露出笑臉，我們就可能會有不同的感受。由此可見光是笑臉就能產生無可計算的效果，甚至具有磁鐵般可以吸引人的魔力。

與「面無表情」的比較

英國亞伯丁大學的林登・邁爾士（Lynden Miles）博士拍攝了男女各三人的模特兒照片，然後將這些照片展示給40名大學生（男女各半）看，並調查他們的反應——也就是他們的臉朝向照片移動了多少。

結果，當照片中的模特兒是「露出笑臉」時，觀看者的臉朝向照片移動的幅度，比「面無表情」的照片高出20倍。

看到對方笑臉迎人，我們總會不自覺地被對方吸引，這不僅僅是身體，而是連內心也會被吸引過去。因此，就算是刻意擺出的笑臉，也比一副苦瓜臉，更具好幾倍的魅力。

笑臉迎人是最強大的武器

心理術 52

談判、說服的成果取決於「參與人數」

當你初次進行商業談判或接受面試時，想必你應當做了充分的準備才赴戰場。

但是，即使不需要做到慷慨就義的準備，只需透過帶幾名部下這類的人數優勢，就能壓倒對方。

這是因為有部下跟隨你同行，就能展現出你「有工作才幹」、「有領導能力」的一面。

換句話說，我們在評價對方時，會把「數量」與「能力」劃上等號。

以色列的耶路撒冷希伯來大學的心理學家雅各・蘇克（Jacob Sukur）針對52

名大學生，進行如下模擬面試實驗。

他讓受試者以人事部門負責人的角色，對應徵廣告文案的人員進行評分。這些應徵者分為只附一封展現自己優秀能力的推薦函，與附上兩封推薦函的應徵人員。

結果，除了基本的廣告文案人員「適切度」，在「正直」、「團隊精神」等項目，附有兩封推薦函的應徵人員，也獲得相對高的評價。

換句話說，他們的評價和推薦函中的內容無關，只是因為推薦函的「數量」而給了評價。

人們的評價只是這種程度而已。

新人也沒關係，多帶一些人同行

因此，和外部的人會面時，不要只帶一名助手，盡可能多帶個兩、三人前往。

工作還完全不熟悉，什麼都不懂的菜鳥新人也無所謂，總之以量取勝。

另外，在商談的過程中，不妨讓助手站在後面，這麼一來可以讓對手感受到壓力，產生一種你是大人物的錯覺。

「數量」多看起來就更「強大」

心理術 53

一說謊，「眨眼」的次數就會變多

人們說謊時表情會產生變化。避開視線、聲音變尖、舔嘴唇、流汗、眨眼次數變多等。這些變化都有可能，但實際真相並不清楚。

不過，有一點可以確認，那就是「眨眼」。據說，當人們在說謊時，眨眼的次數會顯著增加。

美國波士頓學院的神經心理學教授喬・泰斯博士，曾在美國《新聞週刊》（Newsweek／一九九六年十月二十一日）發表以下的調查結果。

泰斯博士統計兩位總統候選人鮑勃・杜爾（Bob Dole）及比爾・柯林頓（Bill

Clinton）在辯論中的眨眼次數。

結果顯示，一般人平均的眨眼次數是一分鐘10到30次，但候選人鮑勃・杜爾平均眨眼147次，亦即一秒多達3次。

他眨眼頻率最高為一分鐘163次，當時是在被問到「美國與四年前相較下是否變得更富裕？」可以想見這是他最不想被問到的問題。

另一方面，候選人比爾・柯林頓的平均眨眼次數則是99次。這也比一般人眨眼的平均次數更多，但眨眼次數最多是在被問到「對於濫用藥物的十幾歲青少年增加的情況有什麼看法？」一分鐘眨眼多達117次。

睜大眼睛，謊言就不會被揭穿？

泰斯教授也調查了過去的五次總統選舉，並指出眨眼次數較多的候選人都落選。從這個結果來看，人們可能會認為眨眼頻繁的人給人「軟弱」、「不可靠」的負面印象。

如果你被問到不太想回答的問題時，只需在那個時候「睜大眼睛，避免眨眼」，這麼一來，你的謊言就不至於被揭穿了吧？

希望博得信任，就要忍耐別眨眼

心理術

54

剛開始附和不要太多，慢慢增加次數

就如前面的說明，巧妙地讓對方產生共鳴，讓你的主張被接受，最必要的是肢體語言，也就是「行為舉止」的重要性，相信你已經理解。

其中，稱得上是神奇手勢的終極技巧，就是「附和」。

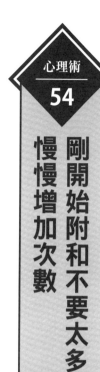

即使不提出銳利的提問，只要給予適當的附和，也能讓對方感受到「這個人很認真在傾聽」，能夠獲得對方共鳴。

美國馬里蘭大學心理學家亞倫・辛格曼（Aaron Siegman），召集48名女大學生，進行以下實驗。實驗中對女大學生進行兩階段的採訪。在訪談過程中，男性採

有效的「附和」方式

對48名女大學生的採訪

辛格曼博士的實驗

第 1 階段：關於家庭
第 2 階段：關於校園生活

改變採訪條件
（附和或不附和）

採訪者溫和印象的評價／有無附和	第 1 階段	第 2 階段
有＋有	18.08	19.25 ↑
無＋有	16.58	18.91 ↑
有＋無	16.83	15.50 ↓
無＋無	16.58	18.00 ↑

(Siegman,A.W.1976)

即使再怎麼以附和表現共鳴，
後半因為疲累而沒有附和，
會產生反效果。

訪者分別以附和或不附和的變化聆聽。

實驗結束後，再詢問他們「採訪者是多溫和的人物？」調查結果，請參考前一頁圖示。

這個實驗結果值得注目的是，第一階段有附和，但第二階段沒附和時，評價下跌。一開始雖然給予附和，但後半卻沒有附和時，會令人感覺是個冷淡的人。

中途停止附和造成反效果

不論是多麼窮極無聊的談話，不論感到多麼疲倦，一旦決定要附和對方，就要持續到最後，如果不這麼做，評價反而會下降。

因此，附和時「盡可能要多並積極的回應」是很重要的，這在展現熱忱是不可或缺的。

而且，「一開始少一點，後半才增加附和」，能夠展現你對於對方的談話愈來愈感興趣。

既然決定要附和對方，就要有始有終

想讓對方選擇的東西放在中央

美國杜克大學的凱薩琳・夏普（Kathryn Sharpe）博士，調查人們在餐廳最常選擇哪一種容量的飲料。

結果，人們傾向選擇M的容量，而避免S和L的容量。

人們都具有「迴避極端性」的本能，傾向避免極端的選項。

壽司店的松竹梅套餐也是相同的狀況。你可能也聽過最多人選擇的是「竹」套餐。所以，對方會把想要你選擇的東西，擺放在中間。

第8章
以迂迴方式操控人心

直接向對方提出某種主張，
往往容易遭到拒絕、招致厭惡，甚至傷害到對方。
既然如此，不妨嘗試隱身於第三者背後，
採取「間接」的方式來接近對方。
不讓他人察覺你的存在或意圖，
有如「透明人」的心理戰術。

心理術 55

訊息透過第三者傳播更有效

假設你想要斥責部下神崎，但神崎很愛面子，如果當面罵他，或許他會因此辭職。這時候，你該怎麼辦呢？

很簡單，只需罵毫不相關的鈴木就可以了。

這在心理學上稱為「間接暗示法」，藉由第三者來動搖對方想法的暗示技巧。

例如在電影或電視的拍攝現場，常會看到導演抓住工作人員大聲怒罵的景象。這其實未必是斥責該工作人員，而是在場的所有人員，尤其可能是該場景演出的演員，甚至是整個劇組的表現。

順便一提，在Ｖ９時期的巨人隊，據說長嶋茂雄就是擔任被罵的角色。川上哲治教練藉由斥責長嶋茂雄，讓其他年輕選手更加警戒注意，而長嶋茂雄則是愈受斥責愈奮發向上的類型，可以說是理想的關係。

出乎意外地不致招來反感

像這樣的間接暗示技巧，常會用於難以當面指摘的對象，此外還有其他的優點和效果。

討厭的主管對你說教，你多少會有些反彈，即使主管說的事情再正確，還是會感到生氣。然而，若是藉由像這樣透過第三者而傳達的間接暗示技巧，因為不是直接批評你，出乎意外地不容易反感，而能坦率地接受。

當然，就像拍攝現場的工作人員那樣，有些人無緣無故地挨罵。但如果忽略這一點，這可以說是一種相當有效的技巧。

除了直接傳達，還有迂迴的方法

心理術

56

為什麼會相信謠言呢？

假設你的主管在公司是人盡皆知愛妻顧家的好男人，然而同事卻背地裡說他「其實他在公司搞婚外情」，不論這個傳聞的真假，或者你對此毫無興趣，當別人問起你關於上司的事情時，你八成會這麼回答——

「這件事我只告訴你喔，其實他好像在公司內搞婚外情。」

加拿大卡加利大學的心理學家大衛・瓊斯（David Jones）曾經證明，人們在未確定真相的情況下，卻有相信謠傳或小道消息的傾向。

認為偶然聽到的消息更可靠

博士首先以「這是一個翻閱電話簿查詢名字的實驗」為藉口招募受試者，並讓他們在等候室等待。

同時，他在等候室事先安排兩位女性，刻意以其他人也聽得到的聲音交談以下的內容。

A「聽說這個實驗很有趣」

B「聽說這個實驗很無聊」

博士讓受試者在聽了某一段對談後，再參加實驗。

實驗結束後，當詢問受試者對實驗的感想時，聽到A「聽說很有趣」的受試者，同樣回答「很有趣」，而聽到B「聽說很無聊」的受試者，則回答「很無趣」。

像這樣「認為偶然聽到的消息更可靠」的影響，在心理學上稱為「竊聽效應」（overheard effect）。

也就是說，雖然我們認為是自己的感想，其實受了謠傳極大的影響。我們對於偶然聽到的傳言比當面提出的主張更容易信以為真。

人們會不自覺地被竊竊私語吸引

心理術

57

信用卡標誌潛藏的「某個祕密」

根據評鑑世界各國餐廳的《米其林指南》，日本是全球第一的美食大國，對於獲選這本指南推薦的餐廳，多數人應該都會想要品嘗一次看看。

這時會在意的，恐怕是需要多少預算吧？很多壽司店只標示「時價」，如果在法式料理店點了紅酒，帳單金額將一下子三級跳。有人可能因此而擔心帶的錢夠不夠，難以放鬆心情享受美食。

等到結帳時知道可以刷卡，才懊悔「唉呀！根本不需要那麼擔心」。

是的，如果一開始就知道能夠刷卡，我們會感到安心，花錢也會更大方。

僅是加了標誌，就讓人們願意花更多錢

紐約大學的羅傑・布爾勒（Roger Buehler）博士以114名為對象進行調查。

他先準備了兩篇新開幕店鋪的介紹文，其中一篇加上了信用卡的標誌，接著調查在這家店點餐時，會點多少料理。

結果，刊載信用卡標誌介紹文的人，點餐的總金額大增。

餐飲店以外的各類店鋪，這項調查結果依然相同，有信用卡標誌，人們願意花更多的錢。

在此告訴你一個其實不太想分享的祕密：把信用卡標誌貼在門上等太過明顯的

地方很俗氣。應該多運用顧客潛意識才是好方法。

比方說刊載在菜單的角落，顧客在看菜單時，自然就能安心點菜。

注意信用卡的心理效果

心理術

58

告訴對方「忘了我吧」，反而忘不了

假設主管拜託你：「星期日可以請你來加班嗎？」但假日不想上班的你，拒絕了，「很抱歉，我已經另有安排……」

這時候主管很乾脆地說：「喔。那就算了，你不必放在心上，忘了這件事吧！」這麼一來，你反而會一直惦記著「星期日似乎有什麼事」。

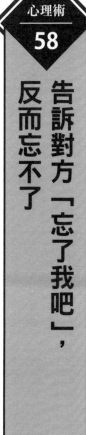

我們的心理就像這樣，一旦對方說「忘了吧」，反而想忘也忘不了。而且，當對方說「不必放在心上」，反而會更在意，這就是人性。

史丹佛大學李・羅斯（Lee Ross）教授曾證明人類這一種矛盾的心理。這種

「難以忘懷」的技巧，用在說服上相當有效，請務必記住。

訣竅是最後不經意地加上這句話

具體使用方式是像以下這樣。

假設你已經嘗試說服對方一遍，但對方卻不接受。這時候，你不妨放鬆心情，輕鬆地加上一句——

「算了，忘了我剛剛說的。」

「剛剛說的那些事，沒什麼大不了的。」

「我只是想表達也有這樣的觀點，你不需要在意喔。」

先撤回意見擱置不管的威力極大。

對方這時已沒有抗拒的理由，因此也不需要再警戒、緊張，處於毫無防備的狀態，顯得格外放鬆。

同時，也會在潛意識中思考你提出的意見。

就像是利用餘熱來為料理加溫的效果。

先嘗試撤消主張

心理術
59

花費時間操控他人的方法

若是想改變一個人，有時需要如同德川家康說的「杜鵑不啼，等牠啼」，絕對不要是學織田信長的「杜鵑不啼，則殺之」。

人心不可能三言兩語就立刻改變。通常都需要花費時間才能逐漸改變。尤其是想說服對方，讓對方依自己所思考的方向改變時，更是如此。印第安納州普渡大學的心理學家理查・赫斯林（Richard Heslin）進行以下的實驗。

他先讓90名大學生閱讀一篇絕對無法同意內容的文章。實驗中使用的是一篇有關「CIA（美國中央情報局）為了保護國民避免國際恐怖組織侵害，可以未經當事人同意開封、查看國民的郵件、包裹」。

不用說，閱讀這篇文章的大學生當然不會同意。然而，過了六個星期後，讓他們再次閱讀同一篇文章後，開始有人同意文章的訴求。

這種隨著時間推移而產生的心理變化，稱為「睡眠者效應」（sleeper effect）。那麼，為什麼會發生睡眠者效應呢？

一般的見解是「接納（內化）和自己不同的意見時，需要較長的時間」。

耐心等待對方的變化

確實，對方一提出要求就立刻照著做時，有時會伴隨挫敗與屈辱感。說該說的話很重要，但也必須耐心等待對方的變化。

若是好好地傳達給對方，你說的話就會留在對方的潛意識中，然後隨著時間的經過，就能像平底鍋上的奶油，逐漸溶化鋼鐵堅硬的人心。

耐心等待杜鵑啼叫也是一種方法

心理術

60

拉攏想拜託的對象「親近的人」成為友軍

我們先看看澳洲國立大學的克雷格・麥葛提（Craig McGarty）的實驗結果。

博士先寫了一篇文章，主要內容是訴求「許多腦損傷患者的出現，社會也有一份責任。因為交通事故、酒駕是造成腦損傷的主要原因。政府應該更加強預防措施」。

這篇文章由受試者和相同意見的人唸出來，比由博士本人自行唸出來，說服的效果更大。

換句話說，像朋友這樣和自己在心理距離較近的人物，比醫師或教師等具權威性的人物，感受到的壓力更大。這在心理學上稱為「同儕壓力」（Peer Pressure）。「Peer」就是「同事、同儕」的意思。

「不希望被討厭」、「不希望受排擠」的心理

比方說，即使父母想說服孩子「用功讀書」，孩子卻無動於衷。這時候應該拜託誰協助呢？答案是拜託孩子的朋友，「請幫我說服我家孩子」。

請看下一頁的圖表。

一開始父母雖然試圖說服孩子，卻失敗了。於是父母列出孩子的友人A、B、C的清單。

接著判斷A、B、C三人當中誰比較適合，再拜託對方去說服孩子。

同儕壓力之所以令人難以拒絕，是單純基於「不想被討厭」的心理，以及不想

遇到必要狀況時，拜託孩子的朋友

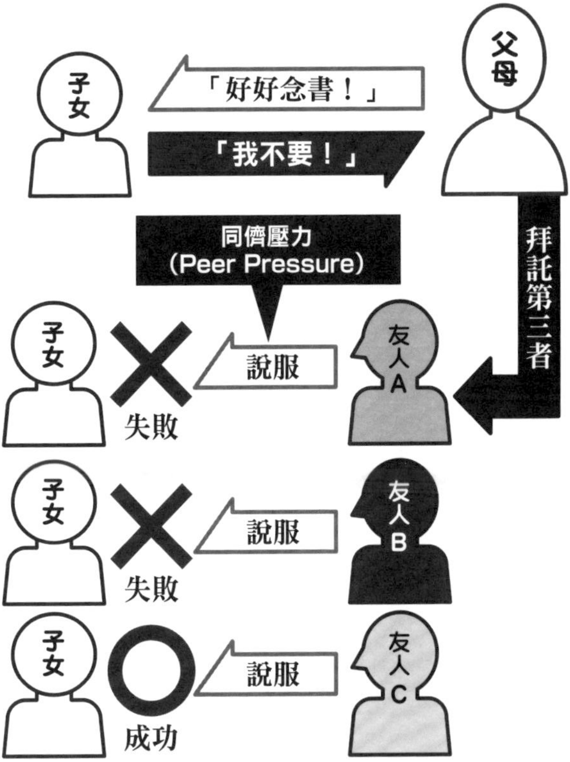

人因為重視同儕，
所以會尊重朋友、同事、
同輩提出的意見或主張。

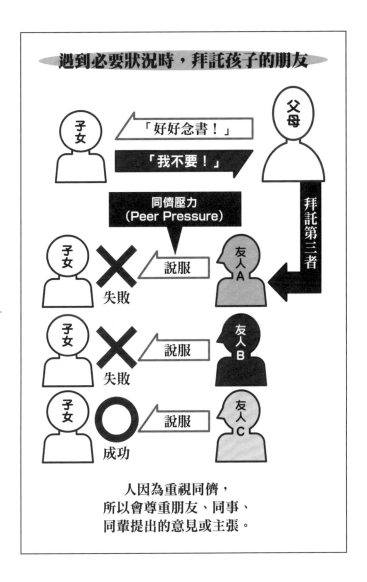

被該團體「排擠在外」的心理交互作用的緣故。

反過來說，如果對方是一個「被這傢伙討厭也不痛不癢」的人物提出要求，就能輕易拒絕。

如果是來自友人的請求，就比較容易接受

心理術 61

光是注視著就被操控了？

路上到處可見的各種廣告中，充滿了各式誇張的訊息，例如「琳琅滿目的最新功能！」、「富含十種有效成分！」、「所有商品只要270日圓！」等等。

在如此浮誇的廣告中，或許也有令人不禁納悶「這樣的廣告真的有效果嗎？」的內容。

筆記本印刷的小小商標、貼在車站樓梯上只有店名的貼紙、公車站牌時刻表旁一行「〇〇醫院就在前方」的寥寥數字。

上面沒有任何宣傳的廣告語，也沒有任何宣傳語句，但是，並不代表這就沒有任何廣告效果。

只要進入眼簾，這樣的視覺印象就深深銘刻在你的潛意識。

透過潛意識產生好感

美國馬里蘭大學市場行銷學院的副教授羅賽莉娜・費拉羅（Rosellina Ferraro）募集126名大學生，謊稱表情分析的名義，讓他們觀看二十張照片，並要求「希望注意他們的表情」。

照片中的人物包括等候公車、正要用餐的各種人物，這些照片中都不著痕跡地拍到某種品牌的礦泉水。

實驗結束後，準備了四種不同的礦泉水讓學生自由選擇，調查結果發現他們多數都選擇照片中所拍攝到的礦泉水。

換句話說，即使是映入眼簾沒有意識到的東西，也會因此而抱持好感。

同樣的，前面所舉的例子當中，對於「筆記本上的商標」之企業莫名地覺得親切、想要去「樓梯上貼紙」的店家、當突然生病時，會選擇前往那一家就在附近的「○○醫院」。

不經意映入眼簾的事物也有極大效果

心理術 62

談到戀愛話題，人們就變溫柔了

你現在有交往的對象嗎？請你現在就回想你所交往的對象。現在單身的人，請你回想過去與前男友、前女友之間的快樂回憶。

如何？是不是浮現一股幸福感？感受到內心酸酸甜甜的戀愛情愫？

——現在我只是用文字讓你想像，就能動搖你的心情，這在心理學上稱為「促發效應」(Priming effect)。

也許有人完全沒有感覺。本書是解說心理技巧的書，而不是分析你心理的書，所以請別介意，我們繼續看下去。

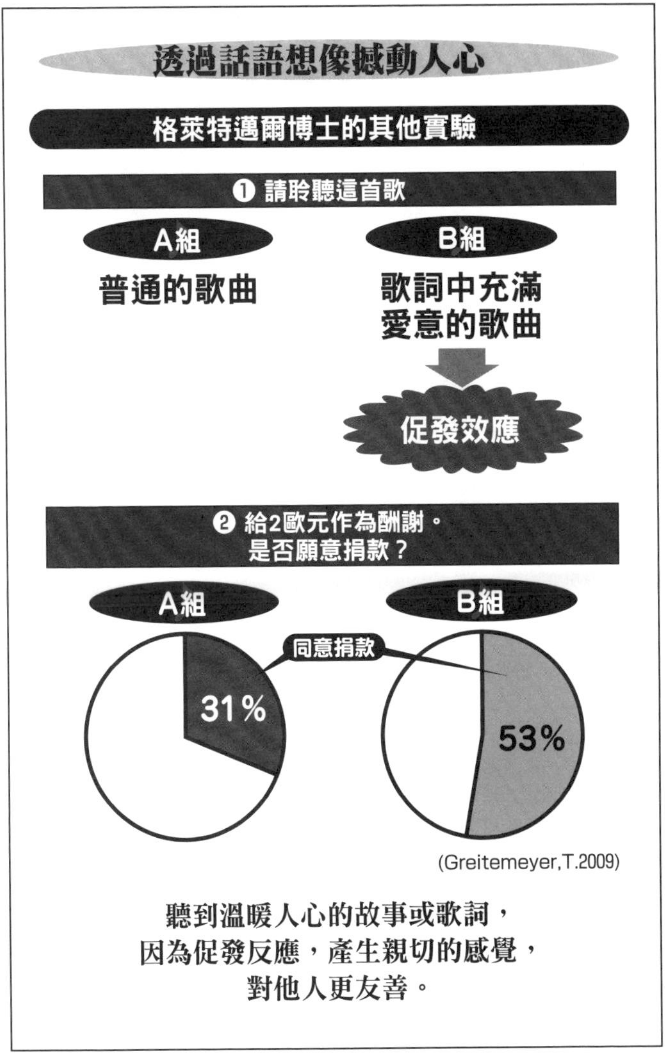
透過話語想像撼動人心
格萊特邁爾博士的其他實驗
❶ 請聆聽這首歌
A組
普通的歌曲
B組
歌詞中充滿
愛意的歌曲
促發效應
❷ 給2歐元作為酬謝。
是否願意捐款？
A組
B組
同意捐款
31%
53%
(Greitemeyer,T.2009)
聽到溫暖人心的故事或歌詞，
因為促發反應，產生親切的感覺，
對他人更友善。

心情變得愉快，對他人也更親切

因此我這裡介紹一個與戀愛感情相關的心理效應。

法國巴黎大學的博士，在街上向253名三十到五十歲的路人攀談，分別進行兩種類型的問卷調查，一是「請告訴我您所喜愛的音樂」，以及「請告訴我有關您交往對象的事情」。

問卷結束後，在路人前進五十公尺左右處，博士事先安排的人向路人要求「請給我搭乘公車的零錢」。結果，被詢問「音樂」題的人，只有17．3％的人給了零錢，而回答「交往對象」問題者，則有31．0％的人給了零錢。

換句話說，在問卷中被詢問有關交往對象一事的人，因為「促發效應」而喚起戀愛情愫，心情變得愉悅，對他人也更加親切。

因此，今後當你請求他人援助時，如果先喚起戀愛的情感，效果也能提升吧？
對方的手機桌面若是交往對象的照片時，可能就是攀談的好時機。

戀愛感情使人變得溫柔

結語

我在本書極盡所能介紹了具有可能翻轉你人生之力量的心理技巧。

除了自古以來就廣為人知的古典心理技巧，更囊括了近代才發現的心理技巧，相信光是本書就能令你獲得充分的心理學知識。

當然，任何一則都並非紙上談兵的理論，而是實際有助於你人際關係的技巧，請務必實踐運用在現實生活中。

我想再也沒有比心理學具實踐性的學問了吧？本書在解說這些心理技巧之際，也使用實際採用過的豐富實驗數據。

不過，本書所介紹的都是歐美的實驗結果。

因此，想必有不少人會抱著以下的懷疑。

「日本人和美國人民族性不同，美國研究數據有參考價值嗎？」

這是我在演講場合上經常被問到的問題。

但是，我敢保證你不需要擔心這個問題。

因為，美國是一個多種民族的國家，有各個人種及不同宗教的人共存。因此，美國的研究數據，反而可以說更超越國籍、膚色、思想信條等，具有普遍性。

實際上，我們觀看好萊塢的電影，不也輕易能產生情感的共鳴嗎？對於研究內心深處的心理學而言，國籍不同並不是那麼嚴重的問題。

我在此可以保證，本書介紹的全是極其普遍的心理技巧。同時，也感謝讀完全書的各位讀者。我能完成本書，也多虧各位讀者的支持。

內藤誼人

354-367.
Ulkumen, G., Thomas, M., & Morwitz, V. G. 2008 Will I spend more in 12 months or a year? The effect of ease of estimation and confidence on budget estimates. Journal of Consumer Research, 35, 245-256.
Van den Putte, B., & Dhondt, G. 2005 Developing successful communication strategies: A test of an integrated framework for effective communication. Journal of Applied Social Psychology, 35, 2399-2420.
VanKleef, G. A. DeDrew, C. K. W., & Manstead, A. S. R. 2004 The interpersonal effects of anger and happiness in negotiations. Journal of Personality and Social Psychology, 86, 57-76.
Walter, E., Walter, W., Piliavin, J., & Schmidt, L. 1973 "Playing hard to get" : Understanding an elusive phenomenon. Journal of Personality and Social Psychology, 26, 113-121.
Weisbuch, M., Sinclair, S. A., Skorinko, J. L., & Eccleston, C. P. 2009 Self-esteem depends on the beholder: Effects of a subtle social value cue. Journal of Experimental Social Psychology, 45, 143-148.
White, K., & Lehman, D. R. 2005 Culture and comparison seeking: The role of self motives. Personality and Social Psychology Bulletin, 31, 232-242.
Zaragoza, M. S., Payment, K. E., Ackil, J. K., Drivdahl, S. B., & Beck, M. 2001 Interviewing witnesses: Forced confabulation and confirmatory feedback increase false memories. Psychological Science, 12, 473-477.
Zitek, E. M., Jordan, A. H., Monin, B., & Leach, F. R. 2010 Victim entitlement to behave selfishly. Journal of Personality and Social Psychology, 98, 245-255.
キングマ, D. R.（玉置悟訳）『好きな人と最高にうまくいく本』KKベストセラーズ（1997年）
スタンリー, T. J.（広瀬順弘訳）『なぜ、この人たちは金持ちになったのか』日本経済新聞社（2001年）
リーバーマン, D. J.（山田仁子訳）『相手の隠しごとを丸ハダカにする方法』ダイヤモンド社（2010年）

impact of perceived salesperson listening behavior on relationship outcomes. Journal of Academy of Marketing Science, 25, 127-137.
Reevy, G. M. & Maslach, C. 2001 Use of social support: Gender and personality differences. Sex Roles, 44, 437-459.
Robinson, J., & Zebrowitz, L. M. 1982 Impact of salient vocal qualities on causal attribution for a speaker's behavior. Journal of Personality and Social Psychology, 43, 236-247.
Ross, L., Lepper, M. R., & Hubbard, M. H. 1975 Perseverance in self-perception and social perception: Biased attributional processes in the debriefing paradigm. Journal of Personality and Social Psychology, 32, 880-892.
Sela, A., Berger, J., & Liu, W. 2009 Variety, vice, and virtue: How assortment size influences option choice. Journal of Consumer Research, 35, 941-951.
Sharpe, K. M., Staelin, R., & Huber, J. 2008 Using extremeness aversion to fight obesity: Policy implications on context dependent demand. Journal of Consumer Research, 35, 406-422.
Shrauger, S., & Jones, S. C. 1968 Social validation and interpersonal evaluations. Journal of Experimental Social Psychology, 4, 315-323.
Siegman, A. W. 1976 Do noncontingent interviewer Mm-hmms facilitate interviewee productivity? Journal of Consulting and Clinical Psychology, 44, 171-182.
Silverthorne, C., Micklewright, J., O'Donnell, M., & Gibson, R. 1976 Attribution of personal characteristics as a function of the degree of touch on initial contact and sex. Sex Roles, 2, 185-193.
Smoll, F. L. Smith, R. E., Barnett, N. P., & Everett, J. J. 1993 Enhancement of children's self-esteem through social support training for youth sport coaches. Journal of Applied Psychology, 78, 602-610.
Strick, M., van Baaren, R. B., Holland, R. W., & van Knippenberg, A. 2009 Humor in advertisements enhances product liking by mere association. Journal of Experimental Social Psychology: Applied, 15, 35-45.
Tormala, Z. L., DeSensi, V. L., & Petty, R. E. 2007 Resisting persuasion by illegitimate means: A metacognitive perspective on minority influence. Personality and Social Psychology Bulletin,

memories of love and helping behavior. Psychological Reports, 102, 418-424.
Lindsey, L. L. M., Yun, K. A., & Hill, J. B. 2007 Anticipated guilt as motivation to help unknown others: An examination of empathy as a moderator. Communication Research, 34, 468-480.
Liu, W., & Aaker, J. 2008 The happiness of giving: The time-ask effect. Journal of Consumer Research, 35, 543-557.
Lount, R. B. Jr. 2010 The impact of positive mood on trust in interpersonal and intergroup interactions. Journal of Personality and Social Psychology, 98, 420-433.
McCullough, J. L., & Ostrom, T. M. 1974 Repetition of highly similar messages and attitude change. Journal of Applied Psychology, 59, 395-397.
McGarty, C., Haslam, S. A., Hutchinson, K. J., & Turner, J. C. 1994 The effects of salience group memberships on persuasion. Small Group Research, 25, 267-293.
McMahan, C. R. 1991 Evaluation and reinforcement: What do males and females really want to hear? Sex Roles, 24, 771-783.
Miles, L. K. 2009 Who is approachable? Journal of Experimental Social Psychology, 45, 262-266.
Mishra, H., Shiv, B., & Nayakankuppam, D. 2008 The blissful ignorance effect: Pre-versus post-action effects on outcome expectancies arising from precise and vague information. Journal of Consumer Research, 35, 573-585.
Pinto, M. B. 2000 On the nature and properties of appeals used in direct-to-consumer advertising of prescription drugs. Psychological Reports, 86, 597-607.
Principe, G. F., Kanaya, T., Ceci, S. J., & Singh, M. 2006 Believing is seeing: How rumors can engender false memories in preschoolers. Psychological Science, 17, 243-248.
Raghubir, P., & Srivastava, J. 2008 Monopoly money: The effect of payment coupling and form on spending behavior. Journal of Experimental Psychology: Applied, 14, 213-225.
Raghubir, P., & Srivastava, J. 2009 The denomination effect. Journal of Consumer Research, 36, 701-714.
Ramsey, R. P. & Sohi, R. S. 1997 Listening to your customers: The

Physicians' liking for their patients: More evidence for the role of affect in medical care. Health Psychology, 12, 140-146.
Heslin, R. & Sommers, P. M. 1987 The sleeper effect: Susceptibility of selective avoiders who hold extreme views. Psychological Reports, 61, 982.
Higgins, E. T., Cesario, J., Hagiwara, N., Spiegell, S., & Pittman, T. 2010 Increasing or decreasing internet in activities: The role of regulatory fit. Journal of Personality and Social Psychology, 98, 559-572.
Homer, P. M., & Kahle, L. R. 1990 Source expertise, time of source identification and involvement in persuasion: An elaborative processing perspective. Journal of Advertising, 19, 30-39.
Howard, D. J., Gengler, C., & Jain, A. What' s in a name? A complimentary means of persuasion. Journal of Consumer Research, 22, 200-211.
Jiang, L., Hoegg, J., Dahl, D. W., & Chattopadhyay, A. 2010 The persuasive role of incidental similarity on attitude and purchase intentions in a sales context. Journal of Consumer Research, 36, 778-791.
Jones, D. A., & Skarlicki D. P. 2005 The Effect of Overhearing Peers Discuss an Authority's Fairness Reputation on Reactions to Subsequent Treatment. Journal of Applied Psychology, Vol. 90, No. 2, 363-372.
Kaplan, K. J., firestone, I. J., Degnore, R., & Moore, M. 1974 Gradients of attraction as a function of disclosure probe intimacy and setting formality: On distinguishing attitude oscillation from attitude change-study one. Journal of Personality and Social Psychology, 30, 638-646.
Karmarkar, U. R., & Tormala, Z. L. 2010 Believe me, I have no idea what I' m talking about: The effects of source certainty on consumer involvement and persuasion. Journal of Consumer Research, 36, 1033-1049.
Kassin, S. M., & Kiechel, K. L. 1996 The social psycology of confessions: Compliance, internalization and confabulation. Psychological Science, 7, 125-128.
Lamy, L., Fischer-Lokou, J., & Gueguen, N. 2008 Semantically induced

by imagining. Journal of Experimental Psychology: Applied, 7, 68-82.
Dillard, J. P. & Fitzpatrick, M. A. 1985 Compliance-gaining in marital interaction. Personality and Social Psychology Bulletin, 11, 419-433.
Elder, R. S., & Krishna, A. 2010 The effects of advertising copy on sensory thoughts and perceived taste. Journal of Consumer Research, 36, 748-756.
Ferraro, R., Bettman, J.R., & Chartrand, T. L. 2009 The power of strangers: The effect of incidental consumer brand encounters on brand choice. Journal of Consumer Research, 35, 729-741.
Galinsky, A. D., & Mussweiler, T. 2001 First offers as anchors: The role of perspective-taking and negotiator focus. Journal of Personality and Social Psychology, 81, 657-669.
Gardikiotis, A. 2005 Group consensus in social influence: Type of consensus information as a moderator of majority and minority influence. Personality and Social Psychology Bulletin, 31, 1163-1174.
Giacalone, R. A., & Riordan, C. A. 1990 Effect of self-presentation on perceptions and recognition in an organization, Journal of Psychology, 124, 25-38.
Goldman, M. & Creason, C. R. 1981 Inducing compliance by a two-door-in-the-face procedure and a self-determination request. Journal of Social Psychology, 114, 229-235.
Goldstein, N. J., Cialdini, R. B., & Griskevisius, V. 2008 A room with a viewpoint: Using social norms to motivate environmental conservation in hotels. Journal of Consumer Research, 35, 472-482.
Grant, A. M., & Gino, F. 2010 A little thanks goes a long way: Explaining why gratitude expressions motivate prosocial behavior. Journal of Personality and Social Psychology, 98, 946-955.
Greitemeyer, T. 2009 Effects of songs with prosocial lyrics on prosocial thoughts, affect, and behavior. Journal of Experimental Social Psychology, 45, 186-190.
Halberstadt, A. G. & Saitta, M. B. 1987 Gender, nonverbal behavior, and perceived dominance: A test of the theory. Journal of Personality and Social Psychology, 53, 257-272.
Hall, J. A., Epstein, A. M., De Ciantis, M. L., & McNeil, B. J. 1993

參考文獻

Allen, C. T., Schewe, C. D., & Wijk, G. 1980 More on self-perception theory's foot technique in the pre-call/mail survey setting. Journal of Marketing Research, 17, 498-502.

Andersen, P., & Nordvik, H. 2002 Possible Barnum effect in the five factor model: Do respondents accept random NEO personality inventory-revised scores as their actual trait profile? Psychological Reports, 90, 539-545.

Apple, W., Streeter, L. A., & Krauss, R. M. 1979 Effects of pitch and speech rate on personal attributions. Journal of Personality and Social Psychology, 37, 715-727.

Baker, W. E., Honea, H., & Russell C. A. 2004 Do not wait to reveal the brand name. Journal of Advertising, 33, 77-85.

Barry, H. Ⅲ 2007 Characters named Charles or Chaeley in novels by Charles Dickens. Psychological Reports, 101, 497-500.

Barry, R. Ruback. & Juieng, D. 1997 Territorial defense in parking lots: Retaliation against waiting drivers. Journal of Applied Social Psychology, 27, 821-834.

Bickman, L. 1974 The social power of a uniform. Journal of Applied Social Psychology, 4, 47-61.

Bilewicz, M. 2009 Perspective taking and intergroup helping intentions: The moderating role of power relations. Journal of Applied Social Psychology, 39, 2779-2786.

Bowman, G. W. 1964 What helps or harms promotability? Harvard Business Review, January/February, 6-27.

Buehler, R. Griffin, D., & Ross, M. 1994 Exploring the "Planning Fallacy" : Why people underestimate their task completion times. Journal of Personality and Social Psychology, 67, 366-381.

Bui, N. H. 2007 Effect of evaluation threat on procrastination behavior. Journal of Social Psychology, 147, 197-209.

Calder, B. J., Insko, C. A., & Yandell, B. 1974 The relation of cognitive and memorial processes to persuasion in a simulated jury trial. Journal of Applied Social Psychology, 4, 62-93.

Chartrand, T. L., & Bargh, J. A. 1999 The chameleon effect: The perception-behavior link and social interaction. Journal of Personality and Social Psychology, 76, 893-910.

Cooper, G., Tindall-Ford, S., Chandler, P., & Sweller, J. 2001 Learning

【作者簡介】

內藤誼人

日本知名心理學家、立正大學客座教授。Ungild有限公司董事長。
於慶應大學社會學研究所取得博士學位，以社會心理學的知識為基礎，致力於應用在以企業為核心的社會心理學的權威專家。興趣是釣魚及園藝。主要著作包括《厲害的人，都懂這些心理學》（方言文化）、《いちいち気にしない心が手に入る本》（三笠書房）等書。

10 BYO DE HITO WO AYATSURU SHINRI JUTSU

Interior illustrations by Yuki UKAJI
First original Japanese edition published by PHP Institute, Inc., Japan.
Traditional Chinese translation rights arranged with PHP Institute, Inc.
through CREEK & RIVER Co., Ltd.

心魔癮

用心理學10秒無形掌握人心

出　　版／楓葉社文化事業有限公司
地　　址／新北市板橋區信義路163巷3號10樓
郵政劃撥／19907596 楓書坊文化出版社
網　　址／www.maplebook.com.tw
電　　話／02-2957-6096
傳　　真／02-2957-6435
作　　者／內藤誼人
翻　　譯／卓惠娟
責任編輯／吳婕妤
內文排版／謝政龍
港澳經銷／泛華發行代理有限公司
定　　價／360元
初版日期／2024年12月

國家圖書館出版品預行編目資料

心魔癮：用心理學10秒無形掌握人心 / 內藤誼人作；卓惠娟譯. -- 初版. -- 新北市：楓葉社文化事業有限公司, 2024.12
面；　公分

ISBN 978-986-370-746-2（平裝）

1. 溝通技巧 2. 傳播心理學 3. 說服

177.1　　113016505

本書內容根據2011年4月PHP研究所出版的《【図解】一瞬で人を操る心理法則》增刪、修訂、改名而成。